El chakra raíz

Cyndi Dale

El chakra raíz

Tu primer centro energético
Simplificado + Aplicado

EDICIONES OBELISCO

Si este libro le ha interesado y desea que le mantengamos informado de nuestras publicaciones,
escríbanos indicándonos qué temas son de su interés (Astrología, Autoayuda, Ciencias Ocultas,
Artes Marciales, Naturismo, Espiritualidad, Tradición…) y gustosamente le complaceremos.

Puede consultar nuestro catálogo en www.edicionesobelisco.com

*Los editores no han comprobado la eficacia ni el resultado de las recetas, productos,
fórmulas técnicas, ejercicios o similares contenidos en este libro. Instan a los lectores a consultar al médico
o especialista de la salud ante cualquier duda que surja. No asumen, por lo tanto, responsabilidad alguna
en cuanto a su utilización ni realizan asesoramiento al respecto.*

Colección Salud y Vida natural
EL CHAKRA RAÍZ
Cyndi Dale

1.ª edición: mayo de 2024

Título original: *Root Chakra*

Traducción: *Mireia Terés*
Corrección: *Elena Morilla*
Diseño de cubierta: *Carol Briceño*
Ilustraciones en las páginas 21 y 101,
propiedad de Llewellyn Art Department

© 2023, Cyndi Dale
Obra original publicada por Llewellyn Publications
www.llewellyn.com
(Reservados todos los derechos)
© 2024, Ediciones Obelisco, S. L.
(Reservados los derechos para la presente edición)

Edita: Ediciones Obelisco S. L.
Collita, 23-25. Pol. Ind. Molí de la Bastida
08191 Rubí -Barcelona - España
Tel. 93 309 85 25
E-mail: info@edicionesobelisco.com

ISBN: 978-84-1172-157-8
DL B 6211-2024

Printed in Spain

Impreso en Gràfiques Martí Berrio, S. L.
c/ Llobateres, 16-18, Tallers 7 - Nau 10. Polígono Industrial Santiga
08210 - Barberà del Vallès - Barcelona

Introducción

¿Qué obtienes cuando mezclas una salud de hierro, el placer de la vocación profesional, la riqueza material, un hogar feliz, la chispa sexual, una sensación de seguridad enorme y toda la energía que necesitas para rendir físicamente?

Ganas los beneficios de un primer chakra vigoroso. Yo lo suelo llamar, el chakra «terreno-estelar» porque nos enraíza y, al mismo tiempo, nos empodera. Conocido como *muladhara* en la tradición hindú, la fuente original de la mayoría de los conocimientos modernos sobre los chakras, es el discreto centro energético que reside en la zona de las caderas y el asunto increíblemente enriquecedor de este libro.

Para todos aquellos que buscan una vida extraordinaria, comprender e interactuar con todos los chakras es esencial, y en Los Básicos del Chakra de Llewellyn, mi colección de ocho libros, aprenderás cómo hacerlo de uno en uno. Los siete primeros libros estarán centrados cada uno en un chakra. Es obvio que lo más lógico es empezar por el principio; y por eso te voy a explicar todo lo relativo al primer chakra en este libro, que inaugura la colección, también conocido como «chakra primario», «raíz», y «base», esta bola de energía basada en el rojo es el punto de inicio para crear una vida excelente en todos los aspectos, en especial en el material. (Acerca del octavo libro… ¡más adelante te explicaré más cosas!)

El primer chakra es, literalmente, el primer peldaño de una escalera que va desde la base de tu columna hacia la iluminación. Igual que todos los chakras, se le considera una «rueda de luz», como se describe en el precioso sánscrito de la antigua escritura hindú. No obstante, la influencia del conocimiento sobre los chakras se extiende por todo el mundo, más allá de las llanuras del Indo. Y el motivo es que casi todas las culturas se han relacionado con un equivalente de los chakras. Y también porque los chakras están hechos de energía, que se puede definir como «información que se mueve». Hay dos tipos de energía, y aquí es donde radica el punto crucial del poder de un chakra. La energía física describe los objetos concretos de nuestro mundo y nuestros cuerpos. Idealmente, es importante comprender cómo funciona la energía física. Se compone de los órganos vitales, el aire que respiras, los alimentos que ingieres y cualquier otra cosa sólida; pero más del 99,999 % de cualquier objeto, incluyendo tu cuerpo, está hecho de energía sutil.[1] La energía sutil es más difícil de medir que la física, pero decide qué aparecerá en la realidad tridimensional y qué no. Tienes que imaginarte las energías sutiles como diminutos agujeros y ondas de luz y sonido. Juntos conforman el entramado o patrón sobre el cual se organizan los elementos físicos. ¿Sabes qué coordina el movimiento y la gestión de tus energías sutiles? Exacto: los «cerebros» de tu sistema energético sutil. Tus chakras.

Para mayor perspectiva, conviene entender que los chakras son una de las tres estructuras que conforman un sistema energético sutil superior. La anatomía de tu cuerpo físico está formada por tres estructuras básicas: órganos, canales y campos. Y la anatomía de tu cuerpo sutil incluye también, aparte de los chakras, tu anatomía energética, con canales y campos. Voy a

---

1. www.sciencealert.com/99-9999999-of-your-body-is-empty-space

dedicar unas palabras a esto en este punto porque más adelante volverá a aparecer.

Hay dos tipos de canales sutiles relacionados con los chakras: los *meridianos* y los *nadis*. Los meridianos fluyen por el tejido conector y distribuyen la energía sutil por todo el cuerpo. Son muy conocidos en los sistemas médicos asiáticos. Los nadis también se extienden por el cuerpo físico, pero son básicamente un equivalente de los nervios. En este libro hablaremos de ellos porque los más importantes se comunican con los chakras.

Así mismo, cada chakra crea su propio campo energético. Juntos, estos campos áureos conforman el campo áureo superior. Cada emanación circunvuela el cuerpo, entretejiéndose con las demás, para envolverte en un campo protector de luz y sonido. En este libro aprenderás un poco sobre el primer campo áureo, puesto que lo produce el primer chakra.

En general, hay siete chakras corporales, y cinco externos. Igual que los otros seis chakras corporales, tu primer chakra está fijado en la columna. E Igual que los demás chakras, independiente de su ubicación, el chakra raíz regula unas funciones físicas, psicológicas y espirituales en concreto. Como el resto, tu primer chakra es un terreno en sí mismo. Para sondar a conciencia sus profundidades, es imperativo entenderlo en su totalidad.

Quizá te estés preguntando por qué trabajo con un sistema de doce chakras. Desarrollé este modelo hace décadas, basándome en los chakras que vi de pequeña, y que más adelante investigué.

De joven no sabía que las esferas de luz y sonido que veía y oía emanar y flotar alrededor de las personas y los animales se llamaban chakras. Los luteranos noruegos, como yo, no solían utilizar términos en sánscrito para tales anomalías, pero yo sabía que eran importantes.

Los chakras cambiaban de color y tono dependiendo del estado de ánimo de mis seres queridos. Estas fascinantes esferas resultaban tan instructoras que a menudo medía mis propias acciones por lo que sucedía con su coloración. Si mi madre emitía mucha energía rojiza, intentaba no cruzarme con ella, porque eso quería decir que estaba enfadada y que quizá acabaría recibiendo yo su ira. Si mi padre volvía del trabajo envuelto en una resplandeciente luz amarilla, sabía que iba a jugar conmigo. ¿Y si el amarillo era más tirando a ocre? Me iba a mi habitación y me dedicaba a mis cosas.

Al final, fui profundizando en el conocimiento de estos centros energéticos y los conceptos relacionados con ellos, en una odisea que duró décadas. Trabajé con sanadores y chamanes en Belice, Perú, Marruecos, Venezuela, Rusia, Costa Rica, las islas británicas y otros lugares donde las culturas indígenas mantenían vivo el conocimiento sobre la energía, la sanación, la intuición, los espíritus y las anatomías energéticas. Estudié tratados espirituales y científicos y trabajé con mis propios clientes y estudiantes. También descubrí que los distintos sistemas de chakras, o cuerpos de energías sutiles, del mundo iban desde tres en unos lugares hasta decenas en otros. Por el camino descubrí que el sistema de siete chakras no era universal. Entonces, ¿por qué se ha convertido en la norma?

Resulta que un escritor espiritual en concreto, sir John Woodroffe, escribió un libro[2] a principios del siglo XX defendiendo que los hindúes preferían un sistema de siete chakras. Bueno, no lo dijo con esas palabras. Propuso un sistema de seis chakras y añadió uno espiritual, en la cabeza, y así quedó. Occidente se ciñó a este modelo a pesar de que Woodroffe en realidad dijo que había muchos sistemas de chakras en la India,

---

2. WOODROFFE, J.: *El poder serpentino y los chakras: las bases del Kundalini yoga.* Editorial Ela, Madrid, 2021.

los que iban desde tres hasta decenas de chakras. Pero no importó. No siempre cuestionamos a nuestros expertos, ¿verdad?

Desde el principio, mi sistema de doce chakras ha sido adoptado en todo el mundo. Creo que te encantará descubrir todo lo relacionado con los cinco chakras ubicados fuera del cuerpo en el octavo libro de la colección, puesto que te ayudará a comprenderte mejor a ti mismo y tu lugar en el universo.

¿Qué te ofrece este libro, tu primer pasaporte a la aventura? En la parte 1 te presentaré los detalles fundacionales de tu primer chakra en tres capítulos, reflejando tanto los conocimientos antiguos como los modernos. En el primer capítulo hablaré de los fundamentos de tu chakra raíz. Este capítulo incluirá el propósito dominante, la ubicación, sus varios nombres, el color y el sonido del chakra. Y, relacionado con todo esto, añadiré los elementos asociados, respiraciones, pétalos de loto, dios y diosa, y mucho más, incluyendo una descripción inicial de la interconexión entre la famosa *Kundalini Shakti* y su casa, el primer chakra. Kundalini es una energía vital especial que los yoguis han mantenido en la India oriental y otras culturas durante miles de años. Debes conocerla, porque es necesario, como mínimo de forma parcial, para educarte mejor sobre el primer chakra.

En el segundo capítulo, nos fijaremos en la cualidad física de tu primer chakra. Esta exploración incluirá una zambullida profunda en los órganos y los sistemas físicos regulados por el primer chakra, así como los asuntos de la vida material que gestiona.

Después, giraremos la esquina y completaremos la primera parte del circuito en el capítulo 3, con la exploración de las funciones psicológicas y espirituales de tu chakra base. El principal objetivo es entender mejor cómo el primer chakra te ayuda a desarrollar la sensación de identidad que necesitas para prosperar en el terreno material. También trataremos los atributos intuitivos de este centro energético y finalizaremos la exposición inicial de la kundalini.

En la parte 2, tendrás el privilegio de acceder al conocimiento de más expertos en energía, que se convertirán en tus mentores de cabecera para mejorar tu vida. He seleccionado cuidadosamente a todos y cada uno de estos escritores porque están entre los mejores de su campo de especialidad, y sus contribuciones suman a un libro repleto de información sobre el primer chakra. Aprenderás muchos métodos para equilibrar y reforzar este chakra a través de posturas de yoga, aliados espirituales, formas, colores, meditaciones, mantras y mucho más. ¡Incluso las primeras recetas para llenar de energía el primer chakra!

En resumen, mi objetivo es presentarte un libro al que puedas acudir una y otra vez. ¿Quién de nosotros no quiere atrapar su sueño tal y como se refleja en las estrellas y plantarlo en tierra fértil?

Sigue leyendo y conoce a tu primer chakra y a tu yo celestial en la Tierra y bien enraizado.

Parte 1

■ ■ ■

Establecer la base del conocimiento de tu primer chakra

• • •

Inspira hacia la parte inferior de la cadera. Concéntrate primero en el coxis, y después fíjate en la corriente eléctrica que te recorre la columna vertebral y se expande por el cuerpo.

Lector, te presento a tu chakra raíz: el sutil centro energético que regula todos los niveles de tu bienestar físico y material.

Este chakra, que aúna la riqueza terrenal y el brillo estelar, es la clave para llevar una vida plena y segura. Late con pasión y propósito, y puede garantizar que tu vida diaria también lo haga.

En esta parte del libro, vas a aprender todos los conocimientos básicos necesarios para aceptar y disfrutar plenamente de tu primer chakra.

En el primer capítulo, compartiré la información que hemos heredado de la centenaria cultura hindú, pero con una pizca de modernidad. A continuación, sacaré el equipo de buceo para que nos zambullamos en los aspectos físicos de este rico manantial de energía vital. Y, en el tercer capítulo, indagaremos en las funciones psicológicas y espirituales de este chakra primario y vital. Por último, descubrirás que te encuentras en la intersección entre el ayer y el hoy, dispuesto a crear tu mañana.

1
Conocimientos básicos

Cuando analizamos el primer chakra, descubrimos que su función principal es generar combustible para el cuerpo. ¿Quién rechazaría un empujoncito?

Poco debe extrañarte que me refiera a él como el chakra «terreno-estelar»; porque ofrece la pasión que necesitas para el despegue, al tiempo que te mantiene los pies en el suelo. En este capítulo, aprenderás todas las nociones básicas de este chakra.

Para empezar, compartiré contigo conocimientos sobre el propósito principal de este chakra a través de un caso. (Te voy a dar una pista: tu chakra raíz genera energía vital). A continuación, te presentaré pequeños resúmenes de los otros principios básicos del primer chakra; información recogida a lo largo del tiempo y basada en los orígenes hindúes de saberes sobre chakras. Une estas piezas del puzle y descubrirás una fuente increíble de poder terrenal.

La esencia de tu primer chakra

Una vez trabajé con una mujer que estaba completamente exhausta. Apenas podía levantarse de la cama por la mañana. Y, cuando lo hacía, sufría durante todo el día, en un estado de fatiga constante. Las tareas diarias le suponían un esfuerzo colosal. Tenía suerte si conseguía tachar tareas de su lista; el resto, se acumulaban a las del día siguiente.

¿Puedes imaginarte lo larga que era la lista de tareas al cabo de unos meses?

Cuando alguien está tan agotado, hay que buscar los motivos a todos los niveles, incluidos los motivos médicos. Sin embargo, desde un punto de vista energético, sabía que estábamos ante un reto del primer chakra, porque este chakra controla toda nuestra existencia física. Cuando no funciona algo del cuerpo, o de cualquier necesidad vital concreta, la sutil energía de ese problema implica al primer chakra.

No me sorprendió que su doctor descubriera una enfermedad suprarrenal. Como verás en el siguiente capítulo, la glándula endocrina vinculada al primer chakra es la suprarrenal. Cuando mi cliente empezó a recibir tratamiento para curar esa enfermedad, enseguida respondió de forma positiva.

Para nuestro objetivo actual, esta historia ilustra la naturaleza esencial del primer chakra. Produce energía material para el cuerpo. Si este chakra no funciona, sufrirás algún tipo de déficit a nivel físico. Los síntomas pueden incluir un desorden físico como el de mi cliente. Pero también podrías verte afectado por otro asunto vital básico, como por ejemplo uno (o varios) que tengan que ver con tu economía, tu hogar, tu alimentación, etc., porque la mente está tan conectada con el cuerpo que podrías sufrir cualquier tipo de contratiempo emocional o mental, o incluso una pérdida espiritual.

En lo que queda de esta primera parte, te daré información sobre varias problemáticas físicas y psicológicas provocadas por un primer chakra débil, así como sobre los beneficios resultantes de cuidarlo de forma activa, que es lo que abre la puerta a una vida plena y sensata. El titular, por ahora, es este: todo aquello que deseamos para poder ser plenamente felices depende de tener un primer chakra sano.

Objetivo global
El primer chakra gestiona la energía física y controla la supervivencia. Cuando está sano, garantiza la seguridad, la supervivencia y la riqueza material.

El nombre lo dice todo: términos para el primer chakra

Una manera de entender mejor cualquier tema importante es analizar los significados que se le han asignado a dicho tema. A continuación, voy a examinar algunos de los nombres del primer chakra para que nos resulte más fácil entenderlo.

Las denominaciones más tradicionales de los chakras provienen de la religión hindú, que, originalmente, utilizó el lenguaje simbólico del sánscrito para representar los conceptos importantes.

El nombre sánscrito del primer chakra es *muladhara*. Esta palabra combina *mul* o «base», y *adhara,* o «apoyo». Esta nomenclatura describe a las mil maravillas el objetivo principal del primer chakra: aferrarnos y sostenernos en nuestra vida diaria.

En la literatura hindú antigua aparece muchos más nombres para referirse al primer chakra. Algunos de los que encontramos en los últimos Upanishads, una de las principales fuentes de enseñanzas hindúes, incluyen a Brahma, el nombre del dios universal, y *mulakanda,* que hace referencia a una parte de la raíz. Los textos tántricos a menudo incluyen la palabra *padma* en relación con el primer chakra, que es como se conoce al loto, uno de los símbolos más comunes de todos los chakras. Todos los nombres utilizados para hablar del primer chakra reconocen su naturaleza primaria, así como la tuya.

Ubicación del primer chakra

Uno de los motivos por los que este chakra es conocido como el chakra raíz es porque domina toda la zona inferior de la cadera, por delante y por detrás. Literalmente, esta zona sostiene tu columna vertebral. A veces, también se dice que está anclado a la base de la columna vertebral y la ingle. Basándonos en esta última ubicación, se suele definir también como *el principal chakra sexual.*

Igual que los siete chakras corporales, el primer chakra está ligado a una zona de la columna vertebral; en concreto, al plexo sacrococcígeo. Esta zona incluye el coxis y las tres vértebras ubicadas justo encima.

Algunos expertos creen que el muladhara se encuentra entre el ano y el escroto en los hombres, y cerca de la parte trasera del cuello del útero en las mujeres. Otros creen que se encuentra justo debajo del *kanda,* un órgano energético ubicado entre el ano y la raíz del órgano reproductor. Te explicaré el kanda en el siguiente capítulo.

Si quieres indicaciones todavía más específicas, puedes abrir el antiguo tratado hindú titulado *Sat-Cakra Nir-upana* y seguir las instrucciones, que indican que el primer chakra está a unos tres centímetros por encima del ano, unos tres centímetros por debajo de los genitales y mide unos siete centímetros.[3]

Puedes ver el primer chakra en la figura 1, el sistema de doce chakras. Observa que el decimosegundo chakra es un campo energético que rodea el cuerpo.

---

3. www.bhagavadgitausa.com/sat_chakra_Nirupana.pdf

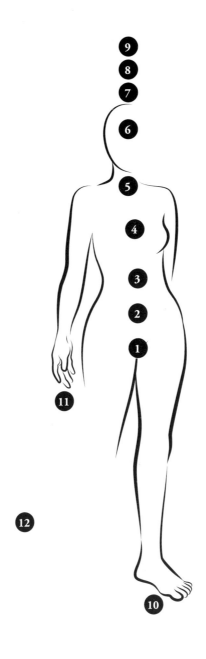

Figura 1: El sistema de doce chakras

El color del primer chakra

Cada chakra gestiona un grupo de frecuencias o bandas energéticas distinto. Estas frecuencias o bandas se pueden describir por su color y sonido. Hablaré del sonido del primer chakra en la siguiente sección.

En lo referente al color, el primer chakra procesa todas las energías sutiles del espectro rojo. En el capítulo 12 disfrutarás aprendiendo varias maneras de emplear el color para aclarar y limpiar el primer chakra.

El rojo es la representación perfecta del primer chakra. Es un pigmento primario, de la tonalidad de la sangre. Y, como tal, es energizante, apasionado y estimulante. Oxigena (física, emocional y espiritualmente) y garantiza un estilo de vida sano y robusto. Es el color de la vida.

El color rojo también representa a la diosa hindú Shakti. Aprenderás muchas cosas sobre ella en esta primera parte porque su poder está entrelazado con las funciones y la autoridad del primer chakra. Shakti, también conocida como Parvati, Durga y Kali, es una de las diosas más relevantes del panteón hindú. Cuando aparece como Shakti Dakini, lo hace como dominadora del primer chakra. También suele ser el término que se le asigna como consorte de Lord Shiva, un dios supremo con el que también interactuaremos en esta primera parte.

Shakti ejemplifica la energía cósmica primordial que recorre el universo. Sus numerosas personalidades suman a la preeminente Madre Tierra, la dinámica activa que crea, mantiene y destruye el universo. Sin Shakti, no habría vida, ni creación, ni transformación.

En el interior del cuerpo, Shakti está asociada con la activación de la kundalini, una fuerza vital primaria que nace del primer chakra para estimular la sanación de nuestros problemas y activar la iluminación. La fuerza de la kundalini también se conoce como «la serpiente kundalini».

Hay un color secundario asociado al primer chakra: el negro. El negro se considera un color místico. A lo largo de la historia muchos médicos han recomendado piedras sanadoras para el primer chakra que son negras, marrones, plateadas o de cualquier otro color terrenal. Así pues, el negro puede representar la naturaleza terrenal del primer chakra. Sea como sea, las tonalidades del primer chakra refuerzan sus atributos como proveedor de estabilidad, apoyo y raíces hacia la Tierra.

Sonido del primer chakra

En los tiempos modernos, el chakra raíz se ha relacionado con la nota *do* de la escala musical. A través de la historia hindú, el sonido asociado al primer chakra siempre ha sido *Lam*. *Lam* suele ir asociado al dios hindú Indra, rey de los dioses y defensor de la humanidad frente al mal. También es el tono del despertar espiritual. Hay muchas palabras para identificar el tono escondido dentro de cada chakra. A estos tonos se les conoce como *bijas* (sonidos de semillas), *bija mantras*, o sonidos maestros. Un mantra es un sonido que incentiva un estado meditativo.

El transportista del sonido

Siempre se ha dicho que la criatura especial que transportó el sonido del primer chakra fue el *airavata,* o elefante de siete trompas. En la mitología india, el elefante representa la abundancia y la sabiduría, y es la personificación de Brahma, el creador. Trae riqueza a su propietario, y el cerebro del elefante personifica una brillante perla de valor incalculable. Es la sabiduría que nos permite alcanzar la conciencia superior. Las siete trompas del elefante también simbolizan los siete materiales básicos del cuerpo, así como los siete minerales y piedras preciosas de la Tierra. Por último, el elefante refleja los siete niveles de conciencia: la inconciencia, la subconciencia, la conciencia de la ensoñación, la conciencia del despertar, la conciencia astral, la conciencia suprema y la conciencia cósmica.

Los pétalos de loto y la apariencia

Los pétalos de loto son una conocida ilustración de los chakras corporales. Cada chakra exhibe un número concreto de pétalos de determinado color. En determinado nivel, los pétalos representan el movimiento en forma de remolino de un chakra mientras atrae y libera las energías sutiles relacionadas con su banda de frecuencias. Los chakras también se ven afectados por los movimientos de los órganos físicos, los fluidos y la actividad del campo electromagnético (CEM) en sus zonas. Si pudieras congelar una imagen de las energías en espiral de un chakra, percibirías un remolino con varias ramificaciones de CEM. Esas ramificaciones parecerían pétalos de loto.

Los lotos son muy valorados en la sociedad india como símbolos de la vida espiritual. Crecen en aguas embarradas, pero la flor siempre aparece limpia encima del agua. El agua es el *maya*, o «ilusión vital», y las flores son nuestros auténtico ser.

El loto del primer chakra se llama *mula kamala*. Tiene cuatro pétalos, que representan los cuatro puntos cardinales, así como las funciones psíquicas de la mente, el intelecto, la conciencia y el ego. Los pétalos también representan las cuatro etapas evolutivas de la vida planetaria: la vegetación (como los organismos monocelulares), los animales ovíparos (incluyendo peces, reptiles y aves), mamíferos y humanos. En este chakra los pétalos son rojos y cada uno está marcado con una letra dorada. Estas letras son *va, scha, sha* y *sa.* Cada una de ellas representa la vibración de unos de los cuatro nadis, que son los canales de energía que conectan los chakras y que son un reflejo de los nervios del cuerpo.

Los símbolos del primer chakra: los yantras

Un yantra es un diagrama geométrico. Las religiones indias los usaban hace más de 13 000 años para ayudar a la meditación. Los yantras también personifican distintos dioses y diosas, y cuando te concentras en ellos invitan al poder y la curación de la deidad. También pueden ejemplificar determinadas tareas o promesas.

El yantra, o símbolo representativo, del primer chakra es un cuadrado amarillo rodeado por cuatro pétalos rojos y ocho picos, que representan las ocho direcciones. El cuadrado contiene un triángulo invertido y, en su interior, está la *bija,* o símbolo germinal. Encima o cerca de este símbolo, aparecen imágenes de Brahma de pequeño, pintado de rojo y con cuatro rostros y cuatro brazos. En tres de las manos lleva un bastón, un pequeño recipiente dorado y un *mala* (similar a un rosario); con la mano libre hace un gesto para disipar los miedos. Con él está Shakti Dakini, la Shakti que es la *dakini,* o gobernanta, del primer chakra. Es roja y tiene cuatro brazos que sujetan una lanza, un bastón con una calavera, una espada y una copa. En la parte baja del triángulo aparece un elefante blanco. Dentro del yantra también aparece la representación de la kundalini, enroscada con tres vueltas y media alrededor del Shiva linga. Shiva es un dios al que consideran el compañero de Shakti. Por otro lado, un *linga* es un símbolo o marca. Con lo cual, el Shiva linga es la marca de Shiva.

El triángulo invertido se conoce como *trikona* o *kama*, y representa la kundalini durmiente, aunque está considera como un ser feroz y lleno de la energía del deseo. Lo cierto es que indica el *yoni,* o energía femenina, y señala hacia abajo para demostrar que estamos en las primeras etapas de nuestro desarrollo espiritual. Los lados del triángulo se extienden hacia arriba y hacia el exterior, para reflejar la dirección de una conciencia en desarrollo.

El linga del interior simboliza la energía masculina y es un símbolo hindú importante. Es negro, y representa el color de la materia. El Shiva linga representa la creatividad y la conciencia; de hecho, las tres vueltas de la serpiente representan los tres niveles de conciencia: inconsciente, subconsciente y consciente. El medio giro representa la superconciencia que ha despertado. La cabeza de la serpiente señala hacia abajo para indicar que podemos evolucionar, o involucionar. La serpiente también es conocida como *kala* o los aspectos colectivos del tiempo: pasado, presente y futuro. Juntos, el yoni y el linga representan los opuestos del mundo físico. (*Véase* la sección de los *granthis* para más información sobre el linga).

Elemento grande

En el hinduismo, toda materia está hecha de cuatro elementos básicos: tierra, agua, fuego y viento/aire. Muchos sistemas añaden un quinto elemento: el espacio. El elemento del primer chakra es la tierra.

El elemento tierra (*prithvi*) contiene las cualidades de la solidez y las fuerzas de atracción. Esto quiere decir que el elemento tierra puede magnetizar y compactar la naturaleza. La presencia de este elemento es uno de los motivos por los que el primer chakra es conocido como «chakra base» o «raíz», porque nos vincula con la Tierra.

A estas alturas, seguramente entiendes por qué, personalmente, me refiero al primer chakra como chakra «terreno-estelar». Al hacerlo, resalto el poder de una estrella y su fuego, especialmente el fuego rojo. El elemento tierra añade firmeza. Curiosamente, la Tierra también resplandece con el tipo de energía que se activa en el interior del primer chakra. Algunos esotéricos creen que el interior de la Tierra es el equivalente a una estrella enana.

Un chakra no es sólo una cosa, son muchas. El primer chakra te facilita la poesía de tus sueños y la actividad del hacer. Ofrece tanto vida como motivos para vivir. ¿Quién no querría aferrarse a una deliciosa y poderosa combinación de tierra y estrella?

Color del elemento grande
En el hinduismo el elemento tierra es amarillo. Este color simboliza la primavera, el conocimiento y la estabilidad. Imagínate bajo los rayos del Sol y enseguida notarás el brillo y la esperanza de este elemento. También ilumina la potencialidad de los nuevos principios.

El sentido predominante y el órgano sensorial

Cada uno de los siete chakras principales está asociado con un sentido y un órgano sensorial. Esto resulta emocionante porque a menudo pensamos en los chakras como algo etéreo. Y la verdad es que estos órganos sutiles también gestionan nuestro ser físico. A través del primer chakra recurres al sentido del olfato mediante el órgano de la nariz.

El olfato y la nariz están intrínsicamente ligados al desarrollo psicológico de un ser recién nacido, algo que encaja muy bien con el primer chakra. En los próximos dos capítulos también aprenderás que este chakra se inicia en el útero a partir de los seis meses. Es tu chakra más primario, puesto que el olfato es el sentido más arcaico o primitivo de todos. Sin saberlo, dependemos del olfato para tomar todo tipo de decisiones, desde decidir si una persona nos resulta atractiva hasta valorar si una sala es segura.

Puedes reforzar la salud del primer chakra mediante el olfato, utilizando esencias que tú mismo asocies con la salud y la vitalidad. Una manera de hacerlo es encender velas o utilizar aromaterapia que relaciones con recuerdos felices. De pequeña, cada Navidad hacíamos galletas de jengibre y las decorábamos. Cuando enciendo una vela de jengibre y clavo en casa, me invade la calidez, la estabilidad y la felicidad.

A continuación, te presento una práctica que puedes utilizar para despertar el sentido y el órgano del primer chakra.

PRÁCTICA

Ritual especial Muladhara: «Conocer tu nariz»

¿Quieres acceder a tu primer chakra? Una manera de hacerlo es mediante el *nasikagra drishti*. Es un ritual que implica mirarte la punta de la nariz hasta que, con el tiempo, desarrolles la habilidad de percibir fragancias psíquicas. Esta práctica también es conocida como el *mudra agochari* o gesto de invisibilidad. Un mudra es un gesto especial que posibilita un resultado superior.

Para realizar esta práctica, sigue los siguientes pasos:

- Siéntate en una posición cómoda y mira hacia el frente, respirando con normalidad. Relaja los hombros y coloca las palmas de las manos encima de las rodillas. Despacio, desplaza tu mirada hacia la punta de la nariz. Mantenla ahí durante unos segundos y no respires mientras lo haces. Si sientes dolor, vuelve a mirar al frente.
- Repite este proceso una única vez, durante el tiempo que seas capaz de aguantar la mirada en la nariz, y lo vuelves a intentar después, asegurándote de que no estás forzando los ojos.
- Practica durante varios meses y comprueba si puedes desarrollar un mayor estado de conciencia, incluyendo el olfato cuando recuerdes un acontecimiento, una persona o una situación en concreto. Por ejemplo, mientras te preparas para sentarte y mirar al frente, realiza varias respiraciones profundas y concéntrate en una persona o una situación. ¿Aparece algún olor? Mientras te miras la punta de la nariz, permite que todo tu ser se relacione con ese olor y lo que te hace sentir. Cada vez que repitas este paso, vuelve a pensar en lo mismo, y comprueba si puedes cambiar el aroma que asocias a esa imagen, cambiando así también tus recuerdos, emociones y opiniones.

Órgano activo

Todos los chakras corporales están conectados con un órgano activo. Es la parte del cuerpo que aporta energía física al chakra y a la que el chakra, a su vez, devuelve vitalidad. El órgano activo del primer chakra son los pies. Te aseguro que el primer chakra bombea una gran cantidad de energía vital hacia arriba y hacia abajo cuando caminas con frecuencia.

Respiración vital

En el hinduismo la fuerza más vital se llama *prana* o «principio vital». El prana permea toda la realidad y está considerado una energía sutil. La manifestación densa u obvia del prana es la respiración.

Hay cinco tipos de prana vital. El primer chakra está asociado con una de estas respiraciones vitales: *apana*. Apana se vincula con la eliminación y controla la exhalación, la liberación de los excrementos y todos los aspectos de la menstruación.

Atributo

Un atributo es una cualidad. El elefante, el portador del sonido del primer chakra, es conocido por su paciencia. Y ésta es la principal cualidad del primer chakra. Es lo que obtenemos cuando cultivamos el chakra raíz. Lo contrario, que es la avaricia, puede apoderarse de nosotros si no conseguimos aprender a ser pacientes.

Diosa(s) dominante(s)

Desde el punto de vista hindú, hay una diosa asociada a cada uno de los chakras principales. Para el primero, la que se menciona con mayor frecuencia es Shakti Dakini, que ya ha aparecido en la sección de «Los símbolos del primer chakra: los yantras». Igual que el *dakini,* Shakti es la guardiana de la realidad física.

Dios(es) dominante(s)

Este chakra se suele atribuir a Brahma, el creador de la realidad física, que también hemos descrito en la sección *yantra.* Sin embargo, el objetivo de la kundalini, la energía esencial asociada con Shakti en el cuerpo, es fusionarse con Shiva en el chakra corona, o séptimo chakra. Analizaremos este proceso kundalini en los dos siguientes capítulos.

Planeta dominante

El planeta dominante del primer chakra es Saturno, una fuerza terrenal que nos alecciona sobre nuestros límites. Es un planeta que también está relacionado con el trabajo duro. La vida se trata, en gran medida, de facilitar lecciones que nos guíen hacia el desarrollo de la paciencia y la madurez.

(El nudo) *granthi*

Los *granthi* son los «seguros» que la kundalini debe atravesar para ascender. Imagínalos como los nudos de una cuerda, una especie de adivinanza que debemos resolver antes de continuar hacia los aspectos superiores de la vida. Hay tres *granthi,* o nudos, en la anatomía sutil. El primero está asociado con el primer chakra. El primer seguro del chakra se llama *Brahma granthi,* o «nudo de Brahma». Lo desatamos para liberar la vida, como si estuviera en una cárcel. Para liberar este nudo, debemos dejar de resistirnos al cambio. Cuando lo hacemos, el nudo se desata y la kundalini puede ascender. Este proceso incluye acceder al poder del Shiva linga, conocido también como el *swayambhu linga*. *Swayambhu* significa «autoreproducido». Este linga nos ayuda a encarnar nuestro auténtico ser.

Campo del áurea

El campo del áurea relacionado al primer chakra es la primera capa del áurea, ubicada justo encima de la piel. Se percibe fusionándose con la piel y extendiéndose unos dos centímetros alrededor del cuerpo entero. Este campo está controlado por los programas que se encuentran en el interior del primer chakra. Estos programas proceden de una serie de fuentes, entre las cuales se encuentran las experiencias y creencias de nuestros antepasados, las influencias en nuestras familias de origen, los acontecimientos de la infancia y la vida adulta, la sociedad externa y otras influencias. En base a estos programas, que funcionan como códigos computacionales, el primer campo del áurea filtra las energías sutiles que corresponden al primer chakra.

Si quieres alterar el tipo de situaciones, personas o bienes materiales que atraes o evitas, debes cambiar los programas del primer chakra. La mayoría de las prácticas que te proporciono en la parte 2 te ayudarán a hacerlo.

Debajo del primer chakra

Hay chakras y reinos existenciales adicionales que residen debajo del primer chakra y están asociados al mismo. Cabe destacar los siete chakras menores que residen bajo el primer chakra, y que descienden por la pierna. Se llaman *talas* y parecen esferas materiales borrosas.

Mientras que el primer chakra está en gran parte relacionado con el plano material, la manifestación y la sexualidad, los chakras menores están relacionados con experiencias de una naturaleza inferior o distintos tipos de mal. Cada uno de los sietes chakras menores/*talas* está conectado con un reino o plano cósmico. Estos planos se llaman *lokas*. Parecen esferas luminosas. En muchos sistemas de chakras, hay siete lokas inferiores y siete lokas superiores.

Hace mucho tiempo, estas esferas describían distintos niveles de existencia. Ahora se comparan con aspectos de la conciencia, donde uno conduce al otro. En lo relativo al chakra raíz, nos centramos en los lokas inferiores, porque cada uno está relacionado con un *tala* menor que reside debajo del primer chakra. Estos lokas inferiores se suelen comparar con un anillo infernal, una de las capas del inframundo que nos invita a conocer una tentación y salir de allí más fuertes. En el hinduismo, el estado infernal se conoce como *naraka*.

Los *lokas* inferiores son los siguientes:

Chakra	Ubicación	Controla
Atala	caderas	miedo y lujuria
Vitala	muslos	ira y resentimiento
Sutala	rodillas	celos
Talatala	pantorrillas	confusión prolongada y terquedad
Rasatala	tobillos	egoísmo y naturaleza animal pura
Mahatala	pies	reino oscuro, espacio sin conciencia: ceguera interna
Patala	planta de los pies	malicia, asesinato, tortura y odio: infierno

Resumen

Como has visto, tu muladhara (o primer chakra, chakra base o chakra raíz) es la base de tu existencia. La kundalini está arremolinada en su interior, esperando el ascenso. Mientras tanto, y con el tiempo, este chakra básico está activo, regulando la seguridad y las funciones vitales y mortales fundamentales.

De color rojo y a tono con el *Lam*, y a cuestas del elefante de las siete trompas, el primer chakra está fijado a la vértebra coccígea. En el aspecto físico, está relacionado con el sentido del olfato y la nariz, y utiliza el órgano activo de los pies. Los símbolos del primer chakra son un cuadrado amarillo con cuatro pétalos y ocho puntas, que refleja el elemento terrenal, que es amarillo. Acoge la respiración vital *apana* y el atributo de la paciencia. (A todos nos vendría bien un poco más de todo esto, ¿no es cierto?). En su interior, conectas con Shakti y Brahma, y puedes implementar los rayos de Saturno. Cuando liberes el nudo de Brahma, habrás empezado a forjar una vida plena de seguridad y alegría, expresando tus necesidades mediante el primer campo del áurea y trabajando con los *lokas,* o planos cósmicos del infierno y la tentación.

En resumen, el primer chakra te proporciona la energía vital que necesitas para una vida material próspera. Por eso, a veces nos ayuda a imaginarlo como un chakra terreno-estelar, que nos facilita fusionar la realidad de la existencia física con los sueños del alma.

Ahora que ya has podido analizar las bases antiguas y modernas del primer chakra, vamos a profundizar en el carácter físico de este resplandeciente chakra.

2
El aspecto físico

A pesar de que la mayor parte de la realidad consiste en energía sutil, la tarea más vital del primer chakra es mantenernos a nosotros y a los demás materialmente. Para ello, controla la geografía de la cadera inferior y las glándulas suprarrenales, y las glándulas endocrinas asociadas. Como verás en este capítulo, también tiene un segundo y único hogar. Se trata de una zona muy concreta de la columna vertebral que los hindúes denominan *kanda*. ¡Ya verás cuando descubras lo esencial que es para tu salud y tu bienestar!

A través de la atención que prestaremos en este capítulo a las funciones físicas del muladhara, también aprenderás cuáles son las principales enfermedades que pueden afectarle, así como el papel más terrenal (físico) de la kundalini.

Resumen del alcance físico del primer chakra

El chakra raíz es un chakra de la materia. Y eso significa que es esencial para ti, y también que ayuda a regular toda la materia física que crea una vida equilibrada y próspera.

Empieza a regular tu energía vital en el momento de la concepción, garantizando que la fuerza vital llega a todas las células durante el desarrollo embrionario. El instinto de supervivencia está programado desde el principio, y el primer chakra se asegura que todas las moléculas y todos los órganos vayan a la par para dar vida y huir de la muerte. Por este motivo, este chakra base está intrínsicamente vinculado a las respuestas de lucha, huida o congelación ante el estrés. Las respuestas más primarias y físicas a situaciones oportunistas o peligrosas van a cargo de este chakra.

Energéticamente, el primer chakra es clave para el ascenso de la kundalini, un proceso que hemos visto brevemente en el capítulo anterior. Desde un punto de vista biológico, el ascenso de la kundalini no es una progresión únicamente espiritual, sino también bioquímica y eléctrica.

Todas las células del cuerpo laten con electricidad, que es la energía vital más fundamental. La electricidad produce más electricidad, magnetismo y electromagnetismo. Todas estas formas medibles de luz se crean a partir del movimiento de electrones en los átomos y los movimientos de las partículas subatómicas, así como a través de la ionización de los minerales del cuerpo, como el sodio, el magnesio, el potasio y el calcio.

Uno de los motivos por los que los ancianos enfatizaban la importancia de una kundalini activa es que, desde un inicio, el ascenso de la kundalini es el ascenso eléctrico en la columna vertebral. Puesto de forma sencilla, cuando el flujo eléctrico de energías de tu cuerpo es intenso y estable, disfrutarás de una buena salud. También generarás los campos electromagnéticos alrededor de tu cuerpo (conocidos como «biocampo») que te mantendrá a salvo. Si el flujo eléctrico es escaso y desordenado, tu vida también lo será.

Como ya te he dicho, el desarrollo de este chakra empieza en el útero, en el momento de la concepción, y se acentúa durante los seis meses posteriores al nacimiento. Hablaré de los efectos psicológicos de esta fase del desarrollo en el próximo capítulo, pero ahora quiero resaltar la relación entre el liderazgo físico de este chakra y tus necesidades vitales fundamentales.

Si tus necesidades primarias se vieran cubiertas en estas primeras fases de la vida, este chakra desarrollaría una serie de programas de energía vital saludables. ¿Tu madre llevaba una buena alimentación cuando estaba embarazada de ti? ¿Las necesidades materiales básicas de tu familia estaban cubiertas durante el período gestacional y los seis primeros meses de vida? ¿Tuviste ocasión de utilizar tu sentido del olfato y el órgano sensorial de la nariz para «memorizar» y alimentarte?

Las necesidades del primer chakra, y de la vida básica, incluyen un techo, aire fresco, comida, agua y dinero para provisiones. También incluyen el afecto, las caricias y unos tutores emocionalmente disponibles. Si alguna de estas necesidades fue deficiente, será complicado superar la sensación resultante de ausencia y limitaciones, así como el conjunto de desórdenes físicos que te pueden llegar a afectar.

En otras palabras, las experiencias de seguridad más elementales de nuestras vidas programarán el primer chakra. Si nuestras experiencias fueron positivas en general, seremos capaces de cubrir nuestras necesidades económicas, relacionales y ambientales. Escogeremos alimentarnos con productos saludables, elegiremos parejas sexuales que nos apoyen y seremos capaces de ganarnos la vida. Si nuestras experiencias fueron limitadoras o abusivas, veremos comprometidos nuestro éxito material y nuestra salud física.

Zonas del cuerpo implicadas

El primer chakra gestiona varias y distintas partes del cuerpo. En general, todas las ubicadas en la parte inferior de la cadera.

Las funciones de los órganos físicos también están dentro del ámbito del primer chakra.

Las partes del cuerpo que están bajo la influencia del primer chakra incluyen los músculos, las articulaciones de la cadera, la vértebra coccígea, el sistema inmunológico general, la vejiga, el recto, las extremidades inferiores (caderas y huesos y músculos relacionados con ellas), el sistema excretor, el intestino grueso, las glándulas suprarrenales y determinadas partes de los genitales, como la vagina. También comparte con otros chakras la responsabilidad de gestionar la próstata y los riñones.

Glándula asociada: las suprarrenales

El chakra raíz está relacionado con las glándulas suprarrenales, que son dos pequeños órganos ubicados justo encima de los riñones. Entender la fisiología y el funcionamiento de estas glándulas es una invitación para vislumbrar la naturaleza vital del primer chakra.

Las glándulas suprarrenales suelen recibir el nombre de «glándulas del estrés» porque emiten hormonas que responden al estrés de forma instantánea. En realidad, son dos glándulas en una, y cada una con su campo de influencia. El córtex suprarrenal segrega hormonas esteroideas como el cortisol, la hidrocortisona, la aldosterona y la DHEA, así como pequeñas cantidades de testosterona, estrógeno y progesterona, tanto en hombres como en mujeres. Estas hormonas regulan nuestra respuesta al estrés a largo plazo a través de actividades como el control de los niveles de azúcar en sangre y el equilibro de los fluidos.

La médula suprarrenal emite adrenalina, la hormona que nos ayuda a responder al estrés inmediato. Una explosión de adrenalina nos acelera el ritmo cardíaco, aumenta la tensión muscular e incrementa el sudor corporal. Esta respuesta instantánea al estrés no es perjudicial; nos ayuda a responder de forma rápida al cambio o al peligro. De hecho, no es aconsejable tener pocas hormonas suprarrenales; parece ser que las personas con síndrome de fatiga crónica tienen glándulas suprarrenales poco activas. No obstante, un exceso de estimulación a lo largo del tiempo provoca un mal funcionamiento de dichas glándulas.

Después del acelerón provocado por las glándulas suprarrenales, solemos experimentar lo opuesto: una fatiga increíble durante el día. Después, por irónico que parezca, volvemos a acelerarnos por la noche y somos incapaces de dormir. Las señales de un mal funcionamiento de las glándulas suprarrenales incluyen ansiedad, insomnio, enfermedades frecuentes, presión sanguínea baja (que puede acabar convirtiéndose en presión sanguínea alta), mente inquieta, niveles fluctuantes de azúcar en sangre, agotamiento después del ejercicio y unas emociones exageradas que conducen a la depresión.

En nuestra sociedad acelerada, estamos constantemente expuestos a estresores suprarrenales, como el ruido excesivo, los problemas laborales o incluso encontrar un trabajo, un calendario sobrecargado de ira crónica, impotencia, preocupación, miedo y culpabilidad. Podemos estresarnos al saltarnos comidas, o comiendo demasiado azúcar o comida basura, o usando substancias adictivas. Los traumas, el dolor incesante, las enfermedades de larga duración (propias o de otra persona), las alergias o la exposición a productos tóxicos también nos afectan. Las amenazas emocionales, físicas, mentales o espirituales hacia nuestra seguridad básica también afectarán a nuestras glándulas suprarrenales y, por consiguiente, al primer chakra.

Como sanadora energética, he descubierto que casi cada cliente necesita que le trate el primer chakra o los asuntos relacionados con las glándulas suprarrenales. Uno de los motivos por los que me gusta trabajar con retos en las suprarrenales, desde un punto de vista del chakra, es que dispongo de un amplio abanico de opciones sanadoras. Solucionar los desequilibrios del primer chakra ayuda a mis clientes a nivel psicológico, físico y espiritual. Éste es el propósito de la medicina de los chakras.

Estresores, problemas y enfermedades físicos relacionados

Cualquier enfermedad o estresor mortal está asociado al primer chakra. Y las enfermedades crónicas o terminales, los efectos del estrés de largo plazo y el dolor intenso o crónico implican algún tipo de desequilibrio del primer chakra. Si sueles estar cansado, agotado o eres incapaz de realizar las tareas básicas como ir a trabajar, cocinar o pagar las facturas, seguramente estemos ante algún tipo de desorden del primer chakra.

Igualmente, si tienes problemas económicos, problemas o dilemas sexuales, complicaciones con el sistema familiar, adicciones que ponen en riesgo tu vida o experiencias de abuso, o cualquier tipo de situación material grave, seguro que el primer chakra está implicado.

Lo cierto es que cualquier desafío de supervivencia o cualquier acontecimiento que ponga en peligro nuestra vida puede inhibir la función del primer chakra. Y estamos hablando de experiencias difíciles de nuestros antepasados que se transfieren genéticamente a nuestro cuerpo durante la concepción; experiencias negativas en el útero; la incapacidad de tus padres de cubrir tus necesidades; escasez material; exposición a adicciones, abusos y otros traumas, etc. Básicamente, cualquier cosa que amenace tu supervivencia o la de tu familia puede dañar el primer chakra.

Las enfermedades asociadas con el primer chakra son la obesidad y otros desórdenes alimentarios, hemorroides, estreñimiento, ciática, fibromialgia, fatiga crónica, problemas en las piernas, las rodillas o los pies, como venas varicosas, artritis, problemas cutáneos, problemas en los huesos o los dientes, dificultades en los intestinos y el ano, problemas en la base de la columna, adicciones que pueden llegar a ser mortales como el alcoholismo o la drogadicción, disfunciones sexuales, problemas reproductivos, deficiencias sanguíneas y cualquier tipo de amenaza vital, como cánceres varios o desórdenes autoinmunes.

La asociación especial con el sistema nervioso: los nadis

Físicamente, el primer chakra está completamente entrelazado con el sistema nervioso. La mejor manera de explicar esta conexión es ampliar la descripción completa de la kundalini y su relación con los nadis que te he ofrecido en el capítulo anterior.

Cuando la kundalini aparece representada de forma simbólica, suele ser en forma de serpiente enroscada en la base del primer chakra. Como ya te he explicado, esta serpiente kundalini es roja y se considera femenina. Envuelta alrededor del coxis, esta energía vital está dormida hasta que se la reclama, que es cuando despierta y empieza a ascender.

Puede despertarse por distintos motivos. Mucha gente trabaja ese despertar mediante rituales como la meditación, el ejercicio, el yoga, la respiración consciente y más. En ocasiones, la kundalini se activa a partir de un estrés intenso o crónico, y los ejemplos de estas situaciones van desde una violación a la pérdida del trabajo. A veces, acudir a terapia puede despertarla. En definitiva, cuando se nos presentan dificultades y nos centramos en resolverlas, esos esfuerzos pueden despertar a la kundalini.

El camino de esta energía vital es sinuoso, puesto que navega entre los nadis, los canales energéticos que llevan la energía vital hasta los chakras. Cuando la kundalini viaja por estos caminos, activas los siete chakras corporales. El objetivo de esta potente fuerza femenina es alcanzar el séptimo chakra, que está en lo alto de la cabeza y refleja la energía masculina. La fusión entre la kundalini femenina y su pareja masculina en lo alto de la cabeza permite el acceso pleno al Espíritu e invita a la iluminación, conocida como *samadhi* en sánscrito. Esta unificación de lo femenino y lo masculino forja un matrimonio entre nuestros seres masculinos y femeninos y también entre nuestras cualidades humanas y divinas.

En parte, los nadis son comparables a los meridianos del sistema médico asiático. Aunque hay algunas diferencias notables. Los catorce meridianos o canales distribuyen el *chi* por el cuerpo. *Chi* es la palabra utilizada en la medicina tradicional china para referirnos a «la energía vital». Dependiendo del texto de origen, la escritura hindú establece entre mil y tres mil quinientos nadis. Si preguntas a miembros de las tradiciones tibetanas y ayurvédicas (filosofía y sistema de sanación originario de la India oriental), te dirán que te estás quedando corto y que existen unos setenta y dos mil nadis.

Algunos investigadores creen que los meridianos interactúan con el sistema de conductos que transportan las secreciones glandulares, y que los nadis están relacionados con el sistema nervioso físico. Ante esta situación, los meridianos y los nadis cumplen funciones distintas. Yo también creo que los nadis están relacionados con el sistema nervioso, que, por cierto, es un conductor eléctrico.

Independientemente de las similitudes y las diferencias, hay tres nadis que son especialmente esenciales para el ascenso de la kundalini, y los tres están vinculados al primer chakra a través del *kanda,* la estructura neurológica central asociada al chakra raíz y que describiremos en la próxima sección.

El *sushumna* es el canal energético central que asciende por el centro de la columna vertebral a través de los chakras y que funciona como vía principal para la kundalini ascendiente. Su flujo bioquímico y eléctrico podría imaginarse emanando directamente del coxis, el hogar en la columna del primer chakra. A través del *kanda,* la kundalini también se divide en dos y fluye por dos conductos adicionales: el *ida* y el *pingala.*

El ida, que se origina *en el kanda* y finaliza en la fosa nasal izquierda, está considerado un canal femenino y su energía es receptiva, amorosa e intuitiva. El *pingala* empieza en el kanda y termina en la fosa nasal derecha. Tiene naturaleza masculina: demostrativo, dominante y activo. Estas energías cruzadas garantizan una mezcla de nuestras cualidades femeninas y masculinas, y activan lo mismo en los chakras, que tienen atributos similares.

En un momento *dado, el ida puede* estar relacionado con el sistema nervioso parasimpático, que envía mensajes relajantes al cuerpo. El pingala está asociado al sistema nervioso simpático, que pone en alerta al cuerpo. Estos dos procesos de sistemas nerviosos forman parte del sistema nervioso autónomo, que regula las reacciones automáticas al estrés. También son partes integrales del sistema nervioso polivagal.

Actualmente, la comprensión de la salud, el estrés y las emociones es el equivalente a la comprensión del sistema nervioso polivagal. La teoría polivagal defiende que los dos troncos del sistema nervioso autónomo (el relajante parasimpático, también dividido en dos partes, y el frenético simpático) interactúan con el sistema nervioso entérico (el microbioma y los neurotransmisores del estómago) y tu sistema vago (un nervio craneal muy largo que recorre de arriba abajo tu cuerpo), para determinar tu comportamiento social y las reacciones al estrés. Al final, estamos hablando de las complejidades del sistema nervioso que, a un nivel muy primitivo, están en gran parte programados por los tipos de información que afectan al primer chakra.

El kanda: el chakra nadi

El *chakra kanda,* también conocido como *kundalini* o *chakra nadi,* es un cuerpo energético que está relacionado y forma parte del primer chakra. Se ubica en la intersección entre el *nadi sushumna* y la parte superior del muladhara, y se percibe como un huevo blanco cubierto de membranas. Funciona como «cavidad base» para los nadis. Desde esta base, los nadis emergen y tejen una red a través, e incluso fuera, del cuerpo.

Los cuatro pétalos de muladhara cubren cada uno de los cuatro lados del kanda y, donde se cruzan, encontramos el *Brahma granti,* del que hemos hablado en el capítulo anterior.

En el cuerpo físico, el final de la médula vertebral se estrecha y se convierte en un fino hilo de seda, donde también hay un tejido fibroso no neuronal llamado *filum terminal,* que ofrece apoyo a la médula. Este hilo de tejido delicado se dirige hacia abajo desde el cono terminal, la zona más estrecha de la médula, y consta de dos partes. La parte superior mide unos seis centímetros y alcanza la parte inferior de la segunda vértebra sacra, y la parte inferior acaba enlazando con la parte posterior del primer segmento del coxis. Se considera que el primer chakra está ubicado en la base del filum terminal.

Del cono terminal también emana la cauda equina, una agrupación de nervios y raíces nerviosas que se extienden por las piernas y la zona de las caderas, incluyendo el perineo y la vejiga. Esta agrupación se suele equiparar con el kanda porque, debido a su aspecto, la cauda equina también se conoce como «cola de caballo».

Esta asociación es bastante apropiada, puesto que muchos expertos esotéricos creen que el chakra raíz está vinculado a la cadera, al perineo y la vejiga, y que sus efectos se extienden hacia abajo, como una raíz hacia los pies, conectando con la Tierra. Como aprendiste en el capítulo anterior, en las caderas, las piernas y los pies hay varios chakras secundarios y, en la descripción de la cauda equina, descubrimos la explicación científica a la existencia de dichos chakras.

Al trabajar con el *chakra kanda* en varios clientes, he descubierto que, a nivel energético, personifica la central eléctrica que supone esta región para el cuerpo. Suelo estimular esta zona del cuerpo de forma intuitiva o trabajando este campo eléctrico con las manos, para clientes que tienen una energía baja, que están experimentando situaciones de vida o muerte, o que están luchando contra problemas económicos u otros asuntos corporales o de la «vida real». Una vez trabajé con una mujer con graves problemas de salud, incluyendo varias dolencias cardiológicas y cáncer. Sentía un bloqueo de energía y, a lo largo de las semanas siguientes, descubrió que podía soportar mejor los tratamientos médicos. Al cabo de seis meses, todas las dolencias desaparecieron, aunque seguía necesitando tomar algunas medicaciones.

Resumen

Los enfoques antiguos y modernos del primer chakra se encuentran igual que una intersección. Durante siglos, el primer chakra ha sido conocido como la fuente de energía vital. Cuando la kundalini despierta y sale del kanda del primer chakra a través de los nadis, se ha visto que emite una poderosa energía por todo el sistema. Como ya hemos dicho, la energía vital, y especialmente la kundalini, se puede comparar con la electricidad que fluye por nuestros cuerpos, sin la cual no habría vida.

El primer chakra, que es el encargado de programar los códigos que autorregulan nuestros seres eléctricos desde la concepción, está estrechamente ligado a todos los aspectos relacionados con la maternidad, desde la salud física a la riqueza material. Y, como tal, el primer chakra controla muchas de las funciones orgánicas asociadas a la zona de las caderas y todo lo que sucede entre el momento de la concepción y los seis meses de vida le afecta plenamente.

Hay muchos trastornos que se pueden solucionar investigando cómo reaccionó el primer chakra ante un trauma o una disfunción externa, incluyendo la especialidad de los tiempos modernos: la glándula suprarrenal. ¿Quién de nosotros no está al menos un poco agotado por la vida contemporánea, con el sistema polivagal preparado para cambiar?

Todo lo que has aprendido sobre la naturaleza del chakra terreno-estelar hará que la información que presentamos en el siguiente capítulo sea todavía más intrigante. Lector, te presento a la psique y el alma del primer chakra.

3
De la psique y el alma

Las palabras que la mayoría de nuestros antepasados utilizaban para *psique* también significaban «alma». De modo que *psicología* en realidad significa «conocimiento o estudio del alma». Y cuando estudiamos los chakras vemos que este concepto es verdaderamente auténtico.

En este capítulo, te adentrarás en las diversas facetas psicológicas y espirituales del chakra raíz o terreno-estelar. Como descubrirás, tu primer chakra tiene unos efectos muy poderosos sobre tu bienestar emocional, almacenando muchos de tus sentimientos más intensos, positivos y negativos. Su relación con el Shakti kundalini, que es la kundalini rojo o serpiente que casi todo sistema del yoga trata y cultiva, añade diversión a su importancia. Resulta especialmente interesante la facultad intuitiva relacionada con el primer chakra, puesto que ofrece conocimiento sobre tu día a día y una mayor capacidad de tomar decisiones.

El impacto psicológico dominante

Como hogar de la kundalini durmiente, el poder *shakti* de transformación y cambio, el primer chakra es responsable de asuntos relacionados con la seguridad, la supervivencia y las necesidades básicas. Puesto que está relacionado con el ida, el pingala y el *sushumna,* los tres canales energéticos que ascienden por la médula, los conceptos almacenados en sus bancos de memoria afectan a tu bienestar psicológico en el más fundamental de los niveles, determinando cómo respondes ante el estrés. Cuando eres joven, este complejo centro da continuidad a las creencias de tu familia de origen y las añade al karma que el alma ya lleva. El karma constituye los asuntos que tu alma debe trabajar para recibir y dar amor. Muchas de las preguntas que todos los seres se hacen actualmente sobre su lugar en el universo son transferidas de vidas anteriores. El ciclo de regresar a la vida después de morir para adquirir madurez espiritual se conoce como «reencarnación». Tu chakra terreno-estelar también transmite el *dharma* ya alcanzado en existencias previas. *Dharma* significa la sabiduría que ya has ganado, a lo largo de múltiples vidas, acerca de la verdad y el poder del amor.

Como chakra raíz, este centro energético es tu apoyo principal en todo lo relativo a tus antepasados, el sistema familiar, la vida diaria y la identidad fundacional. Gracias a este chakra, sabes que existes. Adquieres habilidades que te ayudan a ir más allá de la mera existencia para conseguir ser una persona plenamente realizada. Y entonces la kundalini entra en acción y todos los aspectos de tu persona se alinean para invitar todavía a más transformación.

Mientras exploro tu muladhara desde varios ángulos psicológicos y espirituales, recuerda que, en el fondo, representa una ironía muy particular. Es el refugio de la kundalini, la energía de fuego que suele asociarse con el sexo. Como tal, está en el núcleo de tus impulsos y deseos humanos, a pesar de seguir reflejando un punto de inocencia, la alegría pura e infantil que transmite honor, dignidad y confianza en lo divino, independientemente de lo mundanas que sean tus experiencias. Este chakra nos bendice a todos con el amor de la Madre Divina, que siempre está disponible para ayudarnos a superar todos los retos, para que podamos transformarlos con elegancia.

Activación del chakra

Como he dicho en el capítulo anterior, este chakra se activa desde que estamos en el útero hasta los seis meses de vida. Se ilumina cuando el espermatozoide y el óvulo se unen y la energía vital fusiona el óvulo fertilizado con tu propio espíritu, o esencia eterna, y con tu alma, el vehículo de la experiencia. Tu primera preocupación es sobrevivir; la segunda, nacer.

Si te reciben con calidez, amor y cuidados, tu primer chakra asumirá creencias como «La vida es segura» o «Ser yo mismo es bueno». Si no es así, tus creencias fundacionales serán destructivas. Algunos ejemplos de dichas creencias incluyen: «El mundo es peligroso» y «La vida es una lucha constante».

Después de nacer, el primer chakra interactúa con las consideraciones primarias y se da cuenta de que la vida garantizará o no la provisión de necesidades básicas, como comida, agua, refugio, comodidad y descanso. Mientras el cuerpo se desarrolla a una velocidad increíble durante los primeros meses, las ideas psicológicas que se forman dependen de si esas necesidades son cubiertas o no.

Funciones psicológicas

El muladhara gobierna todos los sentimientos y creencias que contribuyen al conocimiento de la seguridad. La creencia básica que gobierna este chakra es la de que mereces existir. Este procesa todos los sentimientos primarios, incluyendo los cinco básicos (ira, tristeza, miedo, asco y alegría) y las reacciones de supervivencia asociadas, como la rabia, el resentimiento, la futilidad, la desesperación, el terror, el abandono, el rechazo, la vergüenza, la culpa, la dicha, la unidad y la añoranza. Cuando las creencias, que suelen estar creadas como respuesta a experiencias del sistema de nuestra familia de origen, apoyan tu identidad como ser espiritual, puedes manifestar dinero, amor, una carrera envidiable y una salud física óptima de forma sencilla. Si tu identidad eterna se ve comprometida, como cuando crees que no eres querido, o que no mereces nada, o que no vales nada, tus necesidades de supervivencia primarias también se ven comprometidas. Y, por lo tanto, a medida que vayas madurando, puedes experimentar una economía insuficiente, unas relaciones primarias insuficientes, una carrera infeliz, etc.

Como he dicho anteriormente en este capítulo, este chakra abarca tus vivencias desde la más tierna infancia, pero también el karma y el *dharma* de vidas anteriores. Juntos, estos componentes determinan la felicidad o infelicidad de tu vida actual. También eres responsable de generar karma a medida que vas viviendo; esto se llama *karma prarabdha*. Desde un punto de vista hindú, la manera correcta de generar un karma y *dharma* positivos es aprendiendo a controlar los *manas,* o la mente, así como los sentidos, a través de la disciplina (*sadhana*).

Ante esta mezcla, la kundalini despierta a todas las semillas, activando lo positivo y lo negativo para iluminar tus programas emocionales y mentales, para que puedas trabajar en ellos mientras se van desarrollando a lo largo de tu vida.

Algunos de los traumas más comunes que afectan al primer chakra son la exposición a abusos sexuales o físicos, adicciones, dificultades económicas, complicaciones en el parto, abandono y no sentirse querido. Otros traumas pueden incluir estar expuesto a la guerra, el genocidio, la violencia, la discriminación ética o religiosa, el acoso, etc.

¿Qué sucede si este primer chakra se ve emocionalmente perturbado? Hay muchos síntomas psicológicos, como la inseguridad, la desconfianza, la incapacidad de manifestar, la falta de conexión con las relaciones familiares o primarias, la desconexión de las normas sociales, la ausencia de arraigamiento, la depresión, la ansiedad o las adicciones. Alguien con desequilibrios psicológicos en el primer chakra también puede estar herido, lleno de resentimiento, o incluso sentir odio y culpa hacia los demás.

Deficiencias psicológicas de un primer chakra enfermo

Si tu primer chakra está desequilibrado psicológicamente, puedes presentar varios problemas. El más relevante será la sensación de inseguridad y la incapacidad para confiar en el mundo, en los demás o en ti mismo. Puede que te falte la vitalidad o la alegría de vivir, o que demuestres una absoluta desmotivación por el éxito o, todo lo contrario, un exceso de motivación. Este último rasgo de la personalidad indica una falta de creencia hacia la seguridad interna, de modo que existe una necesidad casi autoimpuesta de forzarla a existir.

Algunos síntomas adicionales incluyen estar distraído y desconectado, estar por debajo de un peso saludable, el miedo y la ansiedad, incapacidad de concentrarse o acabar lo que se empieza, la autodestrucción, la sensación de que nadie va a quererte, las tendencias masoquistas o suicidas, la pasividad, las dificultades económicas o la inexistencia de límites. También puede suceder que, sencillamente, tengas la sensación de que no encuentras tu lugar y te esfuerzas demasiado en complacer a los demás, o quizá haces lo contrario porque… ¿qué sentido tiene todo?

Otras dificultades que se pueden presentar son comer en exceso y la obesidad, la avaricia, la acumulación compulsiva y el exceso de materialidad, la hipocondría, la paranoia, el gasto excesivo, la gandulería y la fatiga, el miedo al cambio, la obsesión con la seguridad y la rigidez.

Fortalezas psicológicas de un primer chakra sano

Si tienes el primer chakra equilibrado, disfrutarás de confort físico, seguridad y prosperidad. Podrás trabajar para lograr tus objetivos y, aun así, descansar por la noche. También aplicarás el sentido común (que no es tan común) y generarás expectativas razonables sobre el tiempo y los recursos que necesitas para lograr tus objetivos.

Percibirás tu cuerpo como algo placentero, pero sin exageraciones. Todo con moderación, ¿no es así? Esto incluye la comida, la bebida, el ejercicio, salir al aire libre y ser sexual. Asimismo, los demás te verán como una persona de confianza, motivada y aventurera.

Asociados

Un arquetipo es un patrón o modelo. El arquetipo positivo asociado con el primer chakra es la madre. Representa la compasión materna, la autoridad femenina mágica, la razón informada por la espiritualidad, los instintos de ayudar y todo aquello que valora, sostiene y alimenta el crecimiento.

El arquetipo negativo del muladhara es la víctima. Este arquetipo nos alerta de la posibilidad de ser utilizados en beneficio de otros, pero también puede hacernos sentir demasiado desamparados para hacer frente a nuestros propios asuntos.

Perfil de personalidad

Hay personas que tiene un don en el primer chakra. Esto quiere decir que prefieren funcionar desde este centro energético, tanto si la decisión es consciente o inconsciente. ¿Te sientes identificado? Te voy a detallar los rasgos de la personalidad más vinculados con el primer chakra, y así puedes decidir por ti mismo.

Una persona-chakra raíz fuerte se concentra en lo físico y adora lo que el mundo físico tiene para ofrecerle. Su objetivo principal es cubrir sus propias necesidades primarias, y en especial aquellas relacionadas con las preocupaciones materiales. Después, atienden a las preocupaciones de los demás. Perciben que tienen éxito cuando dejan huella en el mundo diario, creando, por ejemplo, recursos y servicios tangibles. Una persona-primer chakra equilibrada tiene un carácter fuerte y mucha energía, fruto de su pasión por mejorar el mundo tangible.

Si eres esta persona, asegúrate de equilibrar tus deseos por el beneficio material con una serie de herramientas éticas que permitan el éxito general, no sólo el tuyo.

El don intuitivo del primer chakra

Cuando nacemos, el primer chakra está inmediatamente disponible para ejercer la empatía física. Es la habilidad para sentir en tu cuerpo información proveniente de otros cuerpos. Por ejemplo, cuando tu primer chakra está en armonía, puede que sientas en tu rodilla el dolor de rodilla de otra persona.

Esta capacidad es excepcionalmente de agradecer cuando hay alguien que necesita tu ayuda. Imagina que un niño o un animal está llorando y no puede decirte qué le pasa. Con esta extraordinaria inteligencia psíquica, puede que sepas que están resfriados o que tienen un pinzamiento nervioso.

El inconveniente de este atributo es que no siempre resulta fácil diferenciar el problema o necesidad físico propio del de los demás. ¿De verdad te apetece ese helado o es un antojo de tu amigo? Utilizar este don es mucho más beneficioso si eres capaz de distinguir qué es tuyo y qué es una sensación física de otra persona. La siguiente breve práctica te ayudará a hacerlo.

PRÁCTICA

¿Cuál es tu señal física empática y cuál la de los demás?

Si tu cuerpo te envía una señal física, como dolor, deseo, antojo o malestar, respira hondo varias veces y relájate. A continuación, concentra toda tu atención en el primer chakra, en la zona de las caderas. Intenta conectar conscientemente con el hecho físico y hazte esta pregunta: «¿Es lo que siento una sensación física mía?».

Ahora, presta atención al incremento de tu energía en el cuerpo. Si sientes electricidad que asciende desde el primer chakra por la columna, la sensación física es tuya y vas a concentrarte en ella. Esa energía será cálida, regeneradora y placentera. Si la energía eléctrica se dirige piernas abajo, los síntomas pertenecen a otra persona. Percibirás una menor vitalidad en todo tu ser, un escalofrío y depresión. Si parece que la energía pertenece a otra persona, pide que tu ser interno se la devuelva para que puedan procesarla, liberando así a tu chakra de ese estrés.

Resumen

Las experiencias de esta vida y de las anteriores programan psicológicamente tu primer chakra. Determinan tu sentido fundamental de la seguridad en el mundo. Y, a su vez, estas creencias pueden afectar a tu experiencia en el mundo material, así como tu habilidad para satisfacer o disfrutar del carácter físico fundamental que debes disfrutar estando en este cuerpo. Utilizar tu empatía física innata, la habilidad para percibir lo que sucede en el mundo exterior, puede ayudarte a leer a los demás para beneficio tuyo y de ellos, incluso mientras continúas disfrutando del camino de la felicidad terreno-estelar.

¿Estás listo para poner en práctica todo este conocimiento? Pues lo haremos en la parte 2.

Parte 2

■ ■ ■

*Aplicar los conocimientos sobre
el primer chakra a la vida real*

• • •

Prepárate para zambullirte en tu chakra raíz y en todo lo que puedes obtener a través de tus interacciones con él. Cada uno de los siguientes capítulos está escrito por un experto en energías distinto, y creo que los releerás una y otra vez. Al fin y al cabo, tu chakra terreno-estelar es fundamental para todos los niveles de tu bienestar. La vida está en continuo movimiento, y ese cambio constante implica la necesidad de revisitar este poderoso chakra, que combina la actividad fijadora del elemento terrenal con la energía de las estrellas.

Puedes leer los capítulos de la parte 2 en el orden que prefieras. Si tienes la sensación de que aprender sobre las formas facilitará que tu conocimiento sobre el primer chakra crezca, busca el capítulo sobre colores y formas que firma Gina Nicole. ¿Estás escogiendo una gema para que te ayude a conseguir un aumento de sueldo? El capítulo escrito por Margaret Ann Lembo sobre este asunto te atraerá como el canto de las sirenas. ¿Crees que una comida que favorezca a tu primer chakra te supondrá una subida de energía? ¡Estás en lo cierto! Consulta el capítulo de recetas.

Para ayudarte a que hagas un excelente uso de la información y las prácticas de esta parte del libro, primero voy a compartir contigo algo sobre la intención y, además, voy a ayudarte a fijar tu primer chakra, ¡y entonces ya podrás empezar a jugar!

Utilizarás la intención

Para vivir tu vida anhelada, debes concentrarte en tus deseos. *Intención* es la palabra clave para hacer realidad tus sueños. Sucede cuando te propones que pensamientos y sentimientos conscientes, inconscientes y subconscientes gestionen una urgencia creativa. Este principio básico es el núcleo de la mayor parte de las leyes universales, incluyendo las leyes de la física.

Utilizamos la intención a todas horas, cada día, incluso cuando no somos conscientes de ello. Si te levantas por la mañana con sensación de desaliento, percibirás los acontecimientos del día con miedo. Será complicado que nada de lo que suceda parezca beneficioso. Pero si tomas el control de tu actitud y decides ser consciente de todas las bendiciones que te esperan o que ofreces a los demás, percibirás tus experiencias con un estado de ánimo positivo que acabará apoderándose de ti.

La forma más fácil de establecer una intención es como redactar una oración de deseo. Esa fórmula tiene tres partes básicas. La primera es establecer un sueño o necesidad y redactarla en tiempo presente. También debes asegurarte de que la oración es inspiradora y positiva. La segunda parte es percibir el resultado que deseas como si ya estuviera sucediendo. La tercera es recordarte a ti mismo esta decisión todo lo a menudo que necesites, porque sí, es una decisión consciente, no un antojo de un día. Si es necesario, vincula la resolución con algún acontecimiento. Por ejemplo, si tienes que hacer algo antes de acostarte, inserta esta elección dentro de la intención.

Vamos a probarlo.

Piensa en algo que te gustaría y que está vinculado a tu primer chakra. ¿Dinero? ¿Sexo? ¿Una casa? ¿Una oportunidad profesional? ¿Salud? ¿Tomar una decisión consciente sobre la comida? Ahora, redacta ese interés en una oración en tiempo presente. Aquí tienes un ejemplo:

Tomo decisiones saludables respecto a la comida y el deporte.

¿Quieres mantener esto durante sólo un día? No pasa nada. El cambio se produce día a día. Podrías añadirle lo siguiente:

Tomo decisiones saludables respecto a la comida y el deporte durante el día de hoy.

Antes de comprometerte plenamente con esta intención, haz que recorra todo tu cuerpo. Puesto que implica al primer chakra, podrías empezar por ahí. Abraza esta intención con todo tu primer chakra. Imagina el color rojo, que es el de este chakra, o cualquier otro que te guste, e ilumínala a través de tus cuerpos sutil y físico. Luego, fija esa intención como una decisión.

Exacto. Acabas de decidir hacer realidad esa intención, y así será.

PRÁCTICA

Anclar el primer chakra

Anclar es un proceso que implica fijar el primer chakra en el suelo y asegurarte de que tienes acceso a él siempre que lo necesites. Es un buen ejercicio para realizar antes de llevar a cabo cualquiera de las prácticas de los próximos capítulos; si realizas este ejercicio primero, las demás prácticas tendrán un impacto más ágil y potente. Además, utiliza conceptos de la tradición hindú para fijarte en la historia y en tu futuro.

En un estado meditativo, sigue este proceso:

De pie o sentado, imagina que un rayo de luz, conocido como el cordón raíz, se desplaza desde lo alto de tu cabeza, atraviesa la base de la columna y acaba en el centro de la Tierra. Ahora imagina que una luz blanca que sale del cielo entra por el cordón justo encima de tu cabeza. Esta luz entra en el cordón, lo rodea y lo envuelve.

Esta energía celestial utiliza el cordón raíz para limpiar las impurezas, las toxinas y las energías innecesarias hacia el centro de la Tierra, que las transmutará mediante su ardiente naturaleza. Cuando te sientas limpio, permite que tu espíritu, tu ser más elevado, decida qué elementos terrenales alimentarán, sostendrán y empoderarán mejor tus cuerpos físico y energético. Quizá percibas un flujo entrante de cualquiera de los elementos de la naturaleza: tierra, agua, aire, metal o fuego. Sé consciente de la sensación resultante de estar presente, tranquilo y renovado.

Mientras estás en este estado de serenidad, concéntrate un instante en cada una de las cuatro promesas que las escrituras sagradas hindúes han revelado. Suponen tu derecho natural para el desarrollo espiritual:

El derecho a pensar y reflexionar *(manana)*. Pregunta a la divinidad sobre qué necesitas reflexionar en este momento y qué se supone que debes hacer con la conciencia que obtengas.

El derecho a hacer resoluciones positivas *(sankalpa)*. ¿Qué intenciones debes establecer? ¿Qué resolución reflejará tu identidad?

El derecho a eliminar dudas *(vikalpa)*. ¿Qué falsos conceptos puede ayudarte a liberar o transformar la Divinidad?

¿Qué dudas, acerca de tu capacidad de ser amado, tu valor, o tus talentos, estás dispuesto a liberar?

El derecho a ser consciente de tu propio ser divino *(atma chintana)*. Pide a la divinidad que te ayude a localizar, acoger y expandir tu propio ser, ahora y para siempre.

Realiza varias respiraciones y pide a tu ser auténtico que continúe aceptando el flujo limpiador de luz blanca celestial, así como el apoyo revitalizante de la Tierra, el tiempo que necesites. Ahora, sonríe y deja que este enraizamiento del primer chakra te guíe durante el día.

4
Aliados espirituales

Margaret Ann Lembo

Los aliados espirituales están disponibles para todo el mundo. Adquieren muchas formas, y todos tenemos un séquito de estos asistentes energéticos para todos los aspectos de nuestras vidas; son ayudantes invisibles que aparecen cuando los llamamos. Puedes notar la esencia de estos ayudantes en un nivel vibracional. La comunicación con los aliados espirituales suele ser telepática: una comunicación de mente a mente y de corazón a corazón mediante pensamientos, sentimientos y visualizaciones.

Los aliados espirituales pueden ser ángeles y arcángeles, espíritus vegetales, guías animales, hadas y otras fuerzas naturales relacionadas con los aceites esenciales, y más.

Ángeles y arcángeles, guías animales, hadas y otras fuerzas naturales

Desde que tengo uso de razón los ángeles han formado parte de mi vida diaria. De pequeña los notaba y los veía en mi imaginación, y les pedía ayuda cuando tenía miedo o necesitaba consejo. También descubrí, de pequeña, que las plantas tienen energía y vibran con conciencia. Mi interés por las enseñanzas de la naturaleza, las plantas y los animales empezó en el jardín con mi madre. Gracias al tiempo que pasé hablando y escuchando a las plantas y flores mi armonización con una vida espiritualmente rica también creció en el jardín.

Si estamos abiertos, puede resultar sencillo vincularse de forma telepática con toda la vida. Los aliados espirituales siempre nos están influyendo divinamente, y siempre recibimos consejos de la naturaleza para que reflexionemos sobre ellos. Los mundos visible e invisible son reales, y los seres y las energías invisibles nos ayudan a guiar e iluminar nuestro camino.

El chakra raíz es el chakra de la vitalidad, la resistencia y la energía sexual. ¿Necesitas ayuda para superar la procrastinación? Equilibrar el primer chakra con la ayuda de tus aliados espirituales puede poner fin a ello. Trabaja con aliados espirituales siempre que tengas una tarea entre manos que requiera concentración y resistencia mental para conseguir terminarla con éxito.

Otras dos cualidades del chakra raíz son la constancia y la diligencia. A través de este chakra, puedes activar la pasión por vivir y liberarte de las sensaciones de apatía. Las palabras clave asociadas con el chakra raíz son «enraizar», «salud», «dinero», «nutrición», «protección» y «seguridad».

De la misma forma que un árbol hunde las raíces en la tierra para mantenerse firme, las raíces de tus pensamientos y creencias almacenadas en el chakra raíz hacen lo mismo en la base de la columna. Este chakra cubre todo lo relacionado con la parte física de la vida, que incluye un lugar seguro donde vivir, comida sana para comer y agua limpia para beber. El chakra raíz también es la parte de tu ser que aprende a ganar y ahorrar dinero, y también a gastarlo de forma sensata.

Más adelante incluiré descripciones de los aliados con los que conectar para comprometerte con un objetivo, incluidas las afirmaciones que puedes utilizar para trabajar con cada aliado. Las afirmaciones son frases empoderadoras que utilizan la intención. Como Cindy ha comentado al principio de la parte 2, la intención utiliza tus poderes internos para conseguir hacer realidad los sueños. Con intención, también puedes crear un vínculo con un aliado, y utilizar esa relación para reforzar un deseo.

Una intención como «Ahora estoy conectando con un ángel» insertada en una afirmación, te traerá ese ángel y te ayudará a reconocer su presencia. Si utilizas una frase como «Un ángel me está enviando una señal», básicamente te estás abriendo a recibir un mensaje de un ángel. Las afirmaciones activan nuestra intuición, atraen a los guías que nos apoyan y nos ayudan a ser conscientes de las acciones que debemos realizar para atraer los deseos vinculados con el primer chakra, como poder cubrir las necesidades y las relaciones más fundamentales. Disfruta de las afirmaciones que te propongo para cada tipo de guía espiritual y siéntete libre de crear también las tuyas propias.

Ángeles y arcángeles

Los ángeles y los arcángeles son andróginos: no son masculinos ni femeninos. Aunque la humanidad los ha personificado y las ha puesto alas y túnicas holgadas, en realidad son seres de luz, color y vibración. Además, no sólo están disponibles para peticiones espirituales. Tus deseos más arraigados en el primer chakra, como el dinero, las relaciones amorosas, la salud física y la fortaleza, son muy relevantes para estos seres alentadores. Lo que para nosotros es importante en nuestras vidas diarias, también lo es para ellos.

Los ángeles actúan y accionan en base a los pensamientos de sus cargas humanas. Responden a plegarias, solicitudes y peticiones. Cuando se solicita, actúan como mensajeros divinos, comunicando consejos y sabidurías y orquestando sincronicidad, en base a la voluntad divina y el bien superior. La clave para trabajar con ángeles y arcángeles es recordar pedir su ayuda.

Tu ángel de la guarda

Tu ángel de la guarda siempre está disponible. A continuación, te dejo una sencilla plegaria tradicional de mi infancia que puedes utilizar para solicitar la ayuda de tu ángel de la guarda:

«Ángel de lo divino, mi querido guardián, a quien el amor infinito une a mí. Ven a mí en este día para iluminar y guardar, para dirigir y guiar. ¡Ángel de la guarda, por favor, ven a ayudarme!».

Afirmaciones: «Sé que siempre tengo un ángel a mi lado». «Doy gracias porque los ángeles iluminan mi camino y me inspiran». «Puedo gestionar cualquier situación que se presente relacionada con mi chakra raíz». «Agradezco el apoyo con el que cuento en todos los aspectos de mi vida».

Ángel de acción

El chakra raíz es el centro energético donde almacenas tu habilidad de actuar y seguir adelante. Cuando necesites superar algún bloque que percibas, llama al ángel de acción. Cuando te notes bloqueado y frustrado con tu progreso, ya sea una sensación general en la vida o con algún proyecto en concreto, el ángel de acción puede ayudarte a que las cosas vuelvas a fluir y puede también motivarte para que des un paso, el que sea, hacia tu objetivo. Pide que el ángel de acción te ayude a obtener más claridad respecto el motivo por el que te sientes así, a focalizar tu atención y tu imaginación en tu objetivo o en el cumplimiento del mismo, y a guiarte hacia la información o los recursos que necesitas para que puedas actuar.

Afirmaciones: «Todo lo que necesito o quiero está siempre a mi disposición». «Amor, riqueza y plenitud acuden a mí de forma natural». «Tengo abundante dinero y abundancia para compartir». «Las bendiciones llegan constantemente a mi vida».

Ángel de la fuerza física

El chakra raíz es la ubicación energética de la fuerza física y de la base de la salud. Pregúntate: «¿Me siento físicamente fuerte?». Cuando percibas que las fuerzas te faltan y que te cansas con facilidad, llama al ángel de la fuerza física. Con él a tu lado, encontrarás la motivación que necesitas para realizar la acción necesaria para reforzar tu centro y mejorar tu resistencia física. Pide a este ángel que te guíe en las actividades adecuadas para tu cuerpo y así mejorar tu estructura física.

Afirmaciones: «Mi energía está equilibrada». «Mi estructura física es fuerte». «Recibo suficiente luz del Sol para mantener un cuerpo sano». «Muevo el cuerpo y hago ejercicio con regularidad». «Mi vitalidad y resistencia físicas están aumentando». «Mi cuerpo es duro como una piedra».

Ángel de la abundancia y la prosperidad

Cuando percibas una deficiencia en algún aspecto de tu vida relacionado con el primer chakra, llama al ángel de la abundancia y la prosperidad. Tu chakra raíz incluye las necesidades materiales básicas y también el deseo de recursos adicionales, como tiempo o dinero. Descubre por qué tienes la sensación de que no tienes suficiente o no hay abundancia para ti y los que te rodean. Cuando hayas identificado la escasez, llama al ángel de la abundancia y la prosperidad para que te ayude a ver cómo puedes mejorar la situación.

Afirmaciones: «Doy gracias por la abundancia, la comodidad y la prosperidad de mi vida». «Disfruto de la lealtad y el apoyo de mis amistades y mi familia». «Todo lo que necesito o quiero está disponible».

Arcángel Ariel

El arcángel Ariel es un protector y sanador. Este arcángel puede ayudarte a alinear tu atención con lo que necesitas hacer para mejorar la vitalidad y el vigor del primer chakra a todos los niveles, incluyendo tu estado mental y emocional. Llama a Ariel cuando quieras ser más proactivo en actividades que promueven la salud y que rejuvenecen. El arcángel Ariel te ayuda a aumentar la motivación y está disponible para enseñarte a confiar en tus materializaciones intuitivas y darte el valor para actuar en base a tus conocimientos. Llama a Ariel para intensificar tu fuerza central en todos los niveles, especialmente en el físico. Ariel también es tu aliado para motivarte a actuar para aumentar tu bienestar económico.

Afirmaciones: «Estoy sano, entero y completo». «Es seguro que mi luz brilla con intensidad». «Tengo seguridad en mí mismo y estoy agradecido». «Reconozco mi valor». «Me resulta fácil establecer límites».

Arcángel Uriel

El arcángel Uriel es el guardián de los animales y contribuye a la conexión entre especies, concretamente entre los humanos y los animales. Es el arcángel que ayudará a promover las actividades de ocio en la naturaleza y con animales, que son factores importantes para disfrutar de un primer chakra próspero. El arcángel Uriel será tu guía para ayudarte a darte cuenta de las conexiones de la vida y de que la naturaleza, las plantas y los animales son uno de los principales motivos para estar agradecido.

Afirmaciones: «Me resulta fácil comunicarme con las plantas y los animales». «Soy flexible». «Disfruto pasando tiempo en la naturaleza».

Guías animales

Los guías animales están disponibles para todos. Al fin y al cabo, formamos parte del mundo natural, ese maravilloso ciclo vital que gira y fluye a nuestro alrededor. Un guía animal puede aparecer en 3D, como un animal de verdad o como una visita psíquica. En este último caso incluimos las apariciones en sueños o como una intuición.

Ahora hablaré de dos ejemplos de animales del chakra raíz que quizá contacten contigo para enviarte un mensaje o apoyar el desarrollo de una fortaleza:

El uapití

El uapití es un aliado para la fuerza, la resistencia y la potencia sexual. Cuando el uapití entra en tu vida, puedes encontrar apoyo y fuerza compartiendo comida con un grupo de personas. La bendición de la comunidad nos provee de sostén más allá del valor nutricional de la comida. Es importante que recuerdes que debes sentir tu cuerpo, tu mente y tu alma. ¿Qué tal tu estamina? ¿Te sientes sano y fuerte? El mensaje del uapití es para recargar tus centros energéticos, especialmente el chakra raíz, y renovar tu pasión por vivir una vida vibrante.

Afirmaciones: «Soy fuerte». «Mi centro interno es poderoso». «Doy gracias por el apoyo de mi comunidad». «Estoy en buena forma física, concentrado mentalmente y equilibrado emocionalmente». «La fuerza vital fluye con fuerza a través de mí, aportándome resistencia».

El gorila

Cuidarse y descansar son dos factores importantes para mantener el equilibrio del primer chakra. Como guía, el gorila es un aliado cuando necesitas descansar, relajarte, jugar y tener tiempo para socializar. Cuando el gorila llega a tu vida, marca el momento para la regeneración y el rejuvenecimiento a través de la dieta saludable y la interacción social de una forma pacífica. La Madre Tierra quiere pasar más tiempo contigo y sentir tus manos y tus pies en su cuerpo, quiere inundar de regalos tus sentidos. Investiga el uso de los medicamentos de la naturaleza, como las hierbas o los aceites esenciales, para alcanzar una salud holística. Regálate tiempo para rejuvenecer tu cuerpo físico y tus emociones.

Afirmaciones: «Estoy a salvo». «Mi cuerpo está tranquilo y relajado». «Duermo bien y rejuvenezco mi cuerpo». «El descanso y la relajación forman parte habitual de mi vida».

Las hadas y otras fuerzas naturales

La naturaleza está llena de seres y fuerzas que nos incluyen en su majestuosidad. Algunos de estos seres pertenecen al reino de las hadas, conocido también como el reino de los devas. Es un conjunto especial de espíritus a los que puedes llamar para que te ayuden a conectar con la energía de una hierba, una planta o incluso de un aceite esencial compuesto de productos naturales.

Los aceites esenciales pueden estar hechos de una gran cantidad de productos naturales, como pétalos o partes de las plantas, como hojas, corteza, raíces, piel, semillas, etc. Hay muchas maneras de trabajar con un aceite esencial. Te sugiero que los pruebes todos para poder encontrar tu favorito.

Un posible método es verter un par de gotas de aceite esencial en un pequeño bote con una base neutra, como el aceite de almendra. Y diluir el aceite hasta obtener un gel o aceite entre un 1 % y un 5 % de aceite esencial. Entonces, lo puedes aplicar sobre la piel.

Puedes inhalar un aceite directamente o añadir unas gotas a un baño o a una compresa fría o caliente. También puedes respirarlo si utilizas un difusor que lo disperse por el aire. Sólo tienes que seguir las instrucciones indicadas por el fabricante del aparato.

No obstante, ¡ten cuidado con los aceites! Si eres alérgico a algún aceite en concreto o lo utilizas de forma que provoque reacciones internas o externas puede ser perjudicial. Acude siempre a un médico para saber si tienes algún impedimento o si estás tomando algún medicamento que provoque problemas si se combina con aceites esenciales.

Aceite esencial de madera de cedro

Muchas culturas han utilizado el humo o la esencia de quemar hierbas o partes de plantas para conseguir sanaciones positivas y efectivas, incluyendo las sectas budistas[4], los antiguos celtas[5] y

---

4. https://higashihonganjiusa.org/2020/05/22/meaning-of-incense/
5. https://cailleachs-herbarium.com/2019/02/saining-not-smudging-purification-and-lustration-in-scottish-folk-magic-practice/

algunas tribus nativas americanas, como los lakota, los ojibwa, y los primeros poblados de Canadá.

Una de las fuentes de humo ceremonial es el cedro, que es una de las cuatro medicinas sagradas del primer poblado de Canadá. Se utiliza para sustituir la energía negativa por energía positiva[6]. El cedro es un árbol de hoja perenne que puede llegar a medir más de treinta metros. Su aceite esencial resulta útil cuando quieres anclar una plegaria, una meditación o una práctica de visualización. Inhala aceite de madera de cedro para acordarte de anclarte a ti mismo, que es una de las principales funciones del primer chakra. Utilízalo para alimentar tu atención cuando experimentes fatiga mental. ¿Quieres ampliar tu atención y capacidad de anclar tus experiencias espirituales? Deja que las cualidades de la madera de cedro amplíen tu atención y la preservación del conocimiento, la sabiduría, el amor y la protección.

> **Afirmación:** «Con cada paso que doy, soy consciente de mi conexión con el suelo sagrado. La intensa energía verde esmeralda de las plantas y los árboles alimenta y restaura mi cuerpo, mi mente y mi espíritu».
>
> **Por tu seguridad:** No utilizar si estás embarazada o amamantando.

Aceite esencial de pachuli

El pachuli es un arbusto con abundante hoja que puede llegar a alcanzar los tres metros. Tiene una flor de color lila claro y hojas rectangulares. El aroma terrenal del aceite esencial de pachuli es un anclaje. Atrae la atención y promueve la acción, liberando por tanto la pereza. El aroma del pachuli aumenta tu conciencia de asuntos o retos, permitiéndote percibirlos desde

---

6. www.edu.gov.mb.ca/iid/publications/pdf/smudging_guidelines.pdf

una perspectiva superior y aumentando así tu objetividad y tu capacidad de tener una visión general. El pachuli también puede ayudarte a sentirte emocionalmente a salvo y refuerza tu sensación de plenitud.

Afirmaciones: «Me motivo a mí mismo para ser productivo». «Termino con facilidad mis tareas y proyectos creativos». «Cuido de la Tierra y me tomo el tiempo necesario para disfrutar de la naturaleza».

Por tu seguridad: Este aceite tiene un efecto estimulante cuando se usa en exceso y un efecto sedante cuando se usa con moderación.

Aceite esencial de salvia

La salvia es una planta mediterránea de hoja perenne que puede llegar a alcanzar el metro de altura. Tiene hojas de color gris verdoso y unas hojas pequeñas de color lavanda. Inhala aceite esencial de salvia para eliminar estados emocionales que se han aferrado con firmeza al chakra raíz. La salvia es beneficiosa para liberar pensamientos negativos y viejos patrones repetitivos. Reduce la ansiedad, aumenta tu vibración y es especialmente útil para sentirte seguro y protegido, una característica fundamental de un chakra raíz equilibrado.

Afirmaciones: «Estoy sano y salvo». «Estoy fuera de peligro». «Todo está bien». «Me rodeo de personas en las que puedo confiar».

Por tu seguridad: Este aceite puede tener efectos adversos en el sistema nervioso central si lo utilizas en exceso como sazonador alimenticio. No utilizar si estás embarazada o amamantando.

Aceite esencial de vetiver

El vetiver es una planta tropical que puede llegar a medir dos metros y medio. El aceite esencial se extrae de las aromáticas raíces, lo que lo convierten en un equilibrante del chakra raíz perfecto.

Su fragancia a almizcle y terrenal va a sostenerte cuando necesites mantener la atención en el momento presente. La energética naturaleza del aceite esencial de vetiver te alinea con tomarte un tiempo para el descanso y la renovación. El vetiver es un aceite esencial perfecto para conectar con los espíritus elementales, las fuerzas naturales y el reino de las hadas. También te ayudará a mantener el anclaje durante las prácticas espirituales si lo utilizas en pequeñas cantidades. Es un aceite esencial ideal para la búsqueda espiritual centrada en la Tierra, los rituales terrenales o las tareas chamánicas.

Afirmaciones: «Estoy anclado, centrado y con energía». «Tengo energía y tiempo de sobras para realizar lo que necesito y quiero hacer».

Resumen

Con una intención centrada y una pequeña ayuda de tus aliados espirituales, ahora ya tienes los conocimientos para modificar las influencias inconscientes y convertirlas en intenciones conscientes. Accede a tu banco de recuerdos y abre sistemas de creencias almacenados con la ayuda de ángeles, arcángeles, animales y aromaterapia.

Estos aliados son herramientas importantes para tomar conciencia de uno mismo. Pueden ayudarte a desvelar emociones y sentimientos reprimidos en tu cuerpo, tu mente o tu espíritu, siempre que te sientas bloqueado o abrumado y no sepas por qué.

Establecer intención y acceder al potencial infinito de tu imaginación son elementos fundamentales del trabajo con este equipo vibracional.

5
Posturas de yoga

Amanda Huggins

El yoga fue mi primer amor; al menos espiritualmente. Empecé a practicar hace ya más de una década, aunque debo admitir que lo hice sin saber demasiado bien qué era. Sólo sabía que a los demás parecía que les gustaba, y esas otras personas parecían menos estresadas que yo. Como profesional con ansiedad y agotada, estaba dispuesta a probar cualquier cosa para cultivar una sensación de anclaje y equilibrio más profunda en mi vida.

Enseguida aprendí que el yoga es mucho más que un ejercicio de moda; es una práctica antigua y sagrada que une la conciencia, el movimiento y la respiración. Cada *asana* (la palabra del sánscrito tradicional para las posturas de yoga) ofrece una nueva oportunidad de unión entre tus cuerpos físico y energético. Ya sea fluyendo entre varias posturas o manteniendo una de forma fija, estás creando caminos que dirigir y mover la energía invisible del cuerpo sutil a través del cuerpo físico. Independientemente de la postura, cuando estás conscientemente presente para la energía que fluye por tu cuerpo físico, estás trabajando la energía en ti mismo. ¿No es increíble?

Quiero dejar muy claro que no necesitas ningún prerrequisito para recibir los beneficios energéticos del yoga. Una confusión habitual es que la práctica requiere una gran flexibilidad, un tipo de cuerpo en concreto o determinada capacidad física. ¡Falso!

El yoga, el yoga auténtico, está diseñado para ser accesible para todo el mundo, y te animo a borrar cualquier idea preconcebida acerca del yoga y las capacidades físicas. Si tienes un corazón que late, y al menos un pulmón sano, ya eres capaz de realizar la postura de yoga más «experta»: respirar.

Este capítulo explora cómo puedes utilizar la práctica de yoga para conectar con tu primer chakra. Te enseñaré posturas y una sencilla secuencia de yoga que puedes practicar en la comodidad de tu casa, y también posturas accesibles para aquellos que presenten condiciones físicas que les limite la movilidad.

El único requisito en esta sección es una mínima curiosidad sincera y divertida… y quizá también una botella de agua.

El yoga y el primer chakra

Como ya has visto, el chakra raíz está conectado con tu sensación de estabilidad y anclaje: dos cualidades que se traducen directamente sobre la esterilla de yoga. La palabra *yoga* viene de la raíz sánscrita *yuj*, que significa «yugo» o «unión». Si lo exploras a través de la lente del primer chakra, estás uniendo respiración y movimiento y creando un equilibrio emocional y energético que se verá recompensado en todos los aspectos de la vida.

El primer chakra está íntimamente unido con la respuesta de pelear o huir ante el estrés, que es propia del sistema nervioso autónomo. Puesto que el yoga integra mente, cuerpo y espíritu, ofrece un terreno de juego increíble para gestionar el sistema nervioso. Cuando un yogui pretende crear estabilidad y equilibrio energéticos en el chakra raíz, se enfrenta a tener que crear un equilibrio físico a través de las posturas, una seguridad emocional en la mente y la regulación del sistema nervioso autónomo con la respiración.

Cuando unes la respiración profunda y consciente y el movimiento yóguico, estimulas el sistema nervioso parasimpático. Y eso no sólo aumenta tu sensación de anclaje y estabilidad durante las posturas de yoga, sino que, además, con el paso del tiempo, puedes desarrollar un mayor equilibrio de tu sistema nervioso autónomo. En otras palabras, cuanto más practiques el anclaje y la estabilidad en la esterilla de yoga, más notable será la presencia de la sensación de anclaje y estabilidad fuera de la esterilla.

Mientras conectas con tu primer chakra a través del yoga, recuerda que no es tanto lo que haces sino cómo lo haces. Tomemos la postura de la montaña (*tadasana*), por ejemplo. Es una postura que la mayoría de nosotros practicamos cada día de forma inconsciente porque se trata, simplemente, de estar de pie. Fíjate en este pequeño ejercicio mental muy rápido: tómate un instante para pensar en la última semana e intenta contar, exactamente, cuántas veces has estado de pie cada día. Es casi imposible, ¿verdad? Entre el trabajo, los recados, las actividades sociales y simplemente el hecho de caminar, puede resultar muy difícil concretar una cifra exacta. ¿Qué pasaría si te pidiera que pensaras en una de las veces en que estuviste de pie? De los cientos, si no miles, de veces que estuviste de pie durante la semana pasada, ¿puedes recordar algún momento determinado en que te notaras activamente conectado con la Tierra, un momento en que recordases cultivar sensaciones de equilibrio, estabilidad y anclaje?

Ésta es la esencia de «no es tanto lo que haces sino cómo lo haces». Técnicamente, puede que tu cuerpo haya estado en la postura de la montaña en múltiples ocasiones, pero ¿tu mente estaba presente? La clave es mantener la conciencia y estar presente en cómo te mueves, para poder recibir los mensajes del primer chakra en todas y cada una de las posturas:

Estás conectado.
Estás anclado.
Estás a salvo.
Estás.
Aquí.

Activar el primer chakra en el yoga

«Anclar para crecer» es una de mis frases favoritas de todos mis años enseñando yoga. Es una pista para ofrecer a los estudiantes una instrucción clara y concisa, pero también me encanta la visualización poética que evoca el concepto «anclar para crecer».

Únete a mí en este breve ejercicio de anclar para crecer.

PRÁCTICA

Activación energética del primer chakra

- En el suelo o en la esterilla, con los pies separados a la altura de las caderas, dóblate por la cintura hacia adelante hasta que el tronco esté perpendicular al suelo. Si no te puedes poner de pie, también puedes inclinarte sentado en una silla.
- Mantén el peso en los talones y dobla las rodillas hasta donde necesites para poder inclinar el tronco con seguridad. ¡No hay ninguna necesidad de mantener las piernas completamente estiradas! Busca la profundidad de la

postura, permitiendo que el torso cuelgue hacia abajo. Quédate ahí durante varias respiraciones, inclinándote más con cada exhalación.

- Aún doblado, concéntrate en el primer chakra. Visualiza rayos de luz extendiéndose hacia abajo desde tu raíz, por los muslos, las rodillas y los pies, y observa esas raíces hundirse en la tierra bajo tus pies. Estás conectado.
- Ahora, ánclate para crecer. Mantén la conexión energética con la Tierra y deja que una inhalación poderosa y enraizada te devuelva a la postura vertical.

¿Lo has notado? Hay una diferencia muy marcada en la energía, el poder y el espacio que se crea cuando tomas la decisión de anclar desde el primer chakra.

Físicamente, el chakra raíz está relacionado con la mitad inferior del cuerpo: la parte baja de la espalda, los glúteos, las piernas y los pies. Y puesto que la mitad inferior del cuerpo está conectada con la Tierra en prácticamente todas las posturas de yoga, ¡tienes oportunidades infinitas para activar este centro energético!

Lo puedes hacer a través de sencillas posturas, sin filigranas (como estar de pie con la espalda doblada hacia delante como acabamos de ver) o de otras más complejas que ponen a prueba cuerpo y mente (como la postura del árbol, una postura de equilibrio sobre una pierna que lleva el concepto «anclar para crecer» a otro nivel. Independientemente de las formas que hagas con tu cuerpo, los fundamentos de *cómo* conectar con el chakra raíz serán los mismos.

Fundamentos físicos

Tus pies son la base para la alineación. Crear una base física sólida desencadena una serie de acontecimientos energéticos. En primer lugar, focalizar genera equilibrio y una distribución del peso igualitaria en ambos pies. Después, esa energía asciende por las pantorrillas, los cuádriceps y los glúteos, activando los músculos necesarios para realizar la postura. Con la parte inferior del cuerpo fuerte y anclada, las partes media y superior pueden alargarse, dejando espacio para una respiración profunda.

Puede que parezca mucha información a recordar, pero el cuerpo tiene una fantástica forma de saber qué hacer intuitivamente. Si todo lo demás falla, recuerda que sólo tienes que pensar en *PIEL*:

P – Planta los pies en la esterilla.
I – Imagina tus raíces.
E – Energía fluye por el primer chakra.
L – Libera el equilibro.

¡Sí, libera el equilibrio! Tambalearse o interrumpir una postura es lo más habitual. El propósito con la activación del primer chakra no es crear una inmovilidad perfecta en las formas, sino cultivar la sensación de estabilidad interna, especialmente en el momento en que te sientes inestable. Perder el equilibrio no sólo es una parte natural de la práctica, sino que hay una profunda sabiduría en la exploración de cómo te tratas *después* de perder el equilibrio. ¡Practicar la estabilidad y el anclaje no es nada sin compasión ni un diálogo interno amable!

PRÁCTICA

La postura del niño

¿Preparado para conectar con activar tu primer chakra? Mediante esta práctica, te voy a presentar la postura del niño. Es una actividad ideal para mejorar tu primer chakra y prepararte para la siguiente práctica, que empezará con esta posición y continuará con una secuencia de posturas de yoga para el primer chakra. Disfrutarás avivando tu primer chakra para poder conectar con la Tierra y alcanzar las estrellas.

Arrodíllate en el suelo o en la esterilla de yoga y siéntate sobre los talones. Mantén los pies juntos y las rodillas separadas a la altura de las caderas. Coloca las palmas de las manos encima de los muslos y respira hondo varias veces con los ojos cerrados. Visualiza la activación de tu primer chakra y siente cómo tus raíces conectan con la Tierra y extraen energía de ella. El mantra «Estoy seguro» puede ayudarte.

A continuación, exhala y baja el torso hasta colocarlo entre las rodillas. Extiende los brazos a lo largo del cuerpo y mantén las palmas hacia abajo. Relaja los hombros para que también conecten energéticamente con el suelo. Puedes permanecer en esta postura el tiempo que estés cómodo.

Modificaciones: Si no eres capaz de colocarte en la postura del niño, cualquier postura en que estés sentado cómodamente servirá. (Puedes escoger entre las dos opciones en base a la comodidad). Siéntate en el suelo o en la esterilla con las piernas cruzadas, o no. Respira profundamente e imagina un cable que te ancla al suelo desde tu primer chakra.

PRÁCTICA

Secuencia de yoga para despertar y reforzar el primer chakra

El chakra raíz se beneficia enormemente de la realización de una secuencia de yoga, que es una serie de posturas de yoga realizadas una detrás de otra. La siguiente secuencia te ayudará a cultivar una sensación de anclaje y estabilidad.

- Empieza con la postura del niño.
- Levántate hasta colocarte en la postura de la mesa para realizar la postura de gato-vaca. Con las manos y las rodillas en el suelo, realiza entre tres y cinco rondas de la postura gato-vaca: deja caer la espalda y el ombligo hacia el suelo mientras inhalas en la postura de la vaca, y arquea la espalda hacia el cielo y deja caer la cabeza. Mantén la conexión con el primer chakra durante toda la secuencia.

Modificación: Si prefieres sentarte en una silla, hazlo, pero siéntate en la parte delantera del asiento para que puedas apoyar las dos plantas de los pies en el suelo y cerca el uno del otro. Coloca las manos en las rodillas y arquea ligeramente la espalda manteniendo el cuello recto mientras miras hacia delante. Luego, exhala, redondea la espalda y empújate con las manos contra las rodillas, aunque no se moverán de ahí. Mientras inhalas, regresa otra vez a la posición vertical inicial. Puedes intensificar el estiramiento si, cuando exhalas, alargas los brazos frente a ti, con las manos entrelazadas y las palmas hacia fuera.

- El perro bocabajo

A cuatro patas, busca y mantén la postura del perro bocabajo durante varias respiraciones. Haz fuerza con las manos y los pies mientras extiendes las piernas y mantienes la espalda y los brazos rectos. Deja que la energía suba desde los pies y por las piernas hasta llegar al chakra raíz mientras inhalas. Utiliza las exhalaciones para anclar tus raíces en la Tierra todavía más. Encuentras la estabilidad.

Modificación: Puedes saltarte esta postura si tienes la movilidad reducida. A cambio, practica las inhalaciones y las exhalaciones sentado. Cuando inhales, levanta los brazos hacia arriba para buscar alargarte. Cuando exhales, junta las palmas y coloca las manos frente al corazón. Encuentra el equilibrio y la estabilidad en esta postura.

- La Luna creciente

Desde el perro bocabajo, coloca el pie derecho entre las manos y apoya la rodilla izquierda en la esterilla. Cuando inhales, eleva el torso y las manos hacia el cielo. Mantente ahí entre tres y cinco respiraciones. Quizá notes que te tambaleas. ¡Eso es maravilloso! Utiliza cada titubeo para anclarte todavía más. Respira con calma y regresa. Repite con la otra pierna.

Modificación: Puedes sustituir esta postura por unas torsiones suaves. Inhala y levanta los brazos. Exhala y deja caer la mano derecha en la rodilla izquierda. Repite con el otro brazo.

- Regresa al perro bocabajo

Tómate un instante para recoger la información que te envía tu cuerpo. ¿Notas algo distinto? ¿Estás respirando? Mientras regresas a la calma interior, ofrece el mantra «Estoy anclado».

- El guerrero 2

Lleva el pie derecho entre las manos. Apoya el talón izquierdo y dirige los dedos de los pies hacia la parte delantera de la esterilla. Haz fuerza con los cuatro apoyos de los pies y ánclate para levantarte. Inhala y levanta los brazos hasta colocarlos de forma paralela al suelo, con los hombros relajados y el cuello extendido. Mantén la postura entre tres y cinco respiraciones. Con cada inhalación, alarga y refuerza a través del chakra raíz; con cada exhalación, crea mayor anclaje mientras te vas acostumbrando a la postura. Repite con el lado izquierdo.

Modificación: Puedes modificar esta postura con unas leves torsiones mientras estás sentado. Inhala y levanta los brazos hacia al cielo. Cuando exhales, baja los brazos hasta colocarlos de forma paralela al suelo y gira hacia la izquierda. Repite hacia el otro lado.

- Regresa al perro bocabajo
- Camina con las manos hacia los pies y quédate doblado en el extremo de la esterilla.

Igual que hemos hecho en el ejercicio anterior, busca una sensación profunda de anclaje y activación desde los pies hasta el primer chakra. Respira hondo varias veces mientras dejas caer el peso hacia la Tierra. Confía en tu anclaje. Quédate en esta posición entre tres y cinco respiraciones.

Modificación: Para doblarte hacia delante desde una posición sentada, siéntate en el extremo de la silla y respira hondo. Estira la columna mientras doblas el tronco sobre las piernas. Puedes dejar caer los brazos de forma natural o utilizarlos como apoyo adicional. Cuando estés listo, vuelve a levantar el torso hasta una postura vertical.

- Ponte de pie

Desde la posición anterior, inhala con fuerza y ponte de pie, elevando los brazos por encima de la cabeza. Cuando exhales, junta las manos delante del corazón en la postura de oración. Cierra los ojos y, una vez más, dirige la conciencia hacia tu centro energético. Puedes quedarte así tanto tiempo como quieras, explorando las fluctuaciones en el equilibrio.

Modificación: Estira la columna lo máximo que puedas desde la silla y relaja las manos sobre el regazo.

- Repite la secuencia entera dos veces más.

En la última postura de pie, ofrécete a ti mismo y a la Tierra que te sostiene un momento de gratitud.

- *Savasana*

Concluye la práctica tendiéndote en el suelo con las palmas de las manos hacia arriba. Deja que la Tierra sostenga todo tu peso corporal. Deja que el ritmo natural de respiración se apodere de ti. Puedes elegir visualizar el color rojo mientras vas respirando, descansado y recuperando lentamente. Permanece en esta postura el tiempo que quieras.

Modificación: Savasana sentado. Cierra los ojos y coloca las manos relajadas encima del regazo. Libera las tensiones del cuerpo y, sencillamente, recibe los beneficios restaurativos de la relajación.

- Cierra con un mantra

Cuando estés listo, abre los ojos. Puedes colocar las manos encima del cuerpo (encima del corazón o de la parte inferior de la barriga). Cierra la práctica con el mantra «Estoy aquí».

Te animo a que utilices tu práctica de movimiento para explorar lo que funciona para ti. Permite que las posturas sean cómodas y te empoderen, y permítete conectar (y reconectar) con tu primer chakra, con la Tierra y con tu yo interior mientras avanzas por tu camino.

Resumen

En muchas clases de yoga cerramos con un sencillo agradecimiento de *namasté*: «La luz en mí reconoce la luz en ti». Deseo de todo corazón que la intensa luz roja de tu primer chakra brille en tu interior, ¡y que ilumines con su brillo a los que te rodean!

6
Sabiduría corporal

Doctor Nitin Bhatnagar

Los médicos no suelen hablar de los chakras. El concepto parece ajeno a la mayor parte de profesionales del campo de la medicina tradicional, que normalmente no están expuestos ni tienen formación en las modalidades de cuidados sanitarios alternativos u holísticos. No obstante, la sanación de los chakras ha sido uno de los pilares de la medicina tradicional en numerosas culturas a lo largo y ancho del planeta.

Como cardiólogo clínico, creo que la medicina de los chakras sólo puede ayudarnos en nuestro trabajo sanador. Al fin y al cabo, la medicina moderna con frecuencia ofrece más vendajes que curas.

Mi objetivo en este capítulo es ayudar a conectar los mundos de la medicina tradicional y el de las prácticas sanadoras alternativas, explorando la cualidad física del cuerpo a través de la medicina energética. Incluso indagaré en las conexiones cuerpo-mente que la ciencia ha descubierto que son fundamentales para nuestro bienestar y también te ofreceré ejercicios para aumentar tu salud a todos los niveles a través del primer chakra.

La belleza de lo físico desde el universo hasta los chakras

En términos de diseño, el universo es una maravilla, igual que lo es otra creación de perfección exquisita: el cuerpo humano. Ambos están hechos de energía que vibra a distintas frecuencias.

Muchas preguntas científicas contemplan el universo como algo de naturaleza holográfica, compuesto de luz que viaja a distintas frecuencias a través del cosmos. Cuando esa luz alcanza determinado nivel de densidad, reduce la velocidad y crea una estructura atómica que, en el núcleo, sigue siendo un cuerpo sólido vibratorio.

Este fenómeno también sirve para todas las células vivas del cuerpo. Se comunican entre ellas, y esas conexiones se expanden y se convierten en estructuras complejas. A continuación, se organizan en distintos sistemas, incluyendo el nervioso, el cardiovascular, el endocrino, el gástrico, el inmunológico y muchos más. Sus órganos respectivos también crean centros de comunicación para operar como autopistas por todo el cuerpo, como los vasos sanguíneos o los linfáticos. No obstante, fundamentalmente todas las células y los sistemas de órganos sólo son energías que se mueven a distintos grados de estados vibratorios.

El cuerpo denso también está acompañado por centros energéticos conocidos como chakras. En los chakras residen todos los recuerdos y experiencias (pasados, presentes y futuros) en forma de energía pura. Sí, lo has leído bien: los futuros también. Fundamentalmente, cualquier persona que busque alguna mejora en el cuerpo debe observar el universo, y todo y a todos como seres compuestos de energía. Esta energía existe en todas las dimensiones temporales y espaciales y, a pesar de todo, las trasciende todas, como se está estudiando actualmente en el campo de la física cuántica.

Cada chakra regula aspectos concretos de nuestra vida. También evolucionan con nosotros mientras nos sirven de mecanismo de biorretroalimentación. Por ejemplo, si una zona del cuerpo está infectada con una enfermedad, puede que el chakra relacionado también lo esté. Cuando un chakra está afectado, el cuerpo puede manifestar el correspondiente origen de la enfermedad. De modo que el motivo de un problema, así como la solución, se puede descubrir explorando el cuerpo y los chakras asociados.

Como ya has leído en la primera parte, cada chakra está asociado con una glándula. El primer chakra, o chakra raíz, está asociado con las glándulas suprarrenales. Este chakra interactúa con ellas igual que todo, de manera energética. Piensa en una bombilla. Cuando se enciende, transmite energía eléctrica en forma de luz que ilumina la habitación. Del mismo modo, las vibraciones energéticas del primer chakra iluminan todas las partes del cuerpo correspondientes, incluyendo los órganos y sus hormonas asociadas.

Anatomía del primer chakra y la función física básica

Para poder realmente beneficiarte de las interacciones con el primer chakra, sería bueno disponer de un amplio conocimiento de su relación con tu anatomía. Revisaremos parte del contenido de la primera parte, pero creo que este refuerzo servirá para elaborar una imagen todavía más clara para que puedas obtener poderosos beneficios de tu trabajo con el primer chakra.

Cada chakra está anclado en una ubicación en concreto del cuerpo. El primer chakra está situado en la base de la columna vertebral, entre la raíz de los órganos reproductores y el ano. Está conectado con el plexo nervioso sacrococcígeno, al final de la médula espinal. Aquí, el tejido fibroso del filum terminal pasa por el cono terminal y sostiene la médula espinal.

El filum terminal es una cinta fibrosa que ayuda a amortiguar y a estabilizar la médula espinal. El cono terminal es el final de la médula y está situado a la altura de la primera vértebra lumbar. Superpuesta al cono terminal está la cauda equina, un grupo de raíces nerviosas y nervios que ocupan el espacio que va desde la primera hasta la quinta vértebra de la columna. Desde la cauda equina, se extiende una red nerviosa hasta la segunda vértebra sacral y la zona del coxis. A partir de ahí, genera actividad en las caderas, el perineo y la vejiga, antes de pasar a afectar a los nervios que hay hasta llegar a los pies.

La importancia de la zona que rodea el cono terminal y la cauda equina ya era conocida por los antiguos hindúes. Como Cyndi ha explicado en la primera parte, esta parte del cuerpo se llama *cuerpo kanda*, y se considera que es el auténtico hogar del primer chakra y de la kundalini roja. Como ves, tu primer chakra está colocado en una ubicación perfecta para ejercer de regulador principal de las energías físicas y de supervivencia, que, a su vez, refuerzan la seguridad.

La glándula asociada con el primer chakra, la suprarrenal, es tu glándula del estrés principal. Genera cambios hormonales en respuesta al estrés interno y externo, gestionando el resto de los sistemas de órganos activos del cuerpo. Las hormonas suprarrenales más importantes son los esteroides, incluidos la adrenalina, el cortisol, la aldosterona, la DHEA y la hidrocortisona.

Cuando la glándula suprarrenal recibe un estímulo, como cuando tienes miedo, por ejemplo, te acelera el corazón. También activa el sistema musculoesquelético para prepararte para la respuesta de pelear o huir, independientemente de si se trata de una amenaza física externa o de un pensamiento interno.

La glándula suprarrenal responde a una extensa lista de estresores, ya sean percibidos como positivos o negativos. Cualquier amenaza para nuestra seguridad, sea en el terreno de la salud, el trabajo, las relaciones o cualquier otro asunto vital, genera una respuesta suprarrenal. Incluso cambios de humor o de sentimientos pueden estimular una reacción de estrés.

Los alimentos inflamatorios o que provocan alergias también pueden suponer un reto para la glándula suprarrenal y pueden provocar, a la larga, una fatiga suprarrenal crónica. Otros desencadenantes son las vitaminas B, C, D y E, así como unos niveles bajos de sodio, potasio y magnesio.

Cómo afecta el primer chakra al cuerpo físico

Hemos hablado de cómo las estructuras físicas asociadas al primer chakra trabajan en el cuerpo. La otra cara de la moneda también afecta a tu vida: el estado de tu primer chakra influye en las funciones físicas de la zona del cuerpo con la que se relaciona. Por ejemplo, si este chakra hace horas extras, tus sistemas sutil y corporal recibirán demasiada energía y tus órganos suprarrenales pagarán las consecuencias. Si el chakra está rindiendo poco, el sistema físico no tendrá suficiente energía sutil o física para alimentarse. Quizá no tengas suficiente energía para realizar las tareas diarias o para gestionar emociones a medida que vayan apareciendo.

Cuando te enfrentas a retos en la zona física del primer chakra o con preocupaciones vitales relacionadas con esta zona, a veces cuesta discernir qué fue primero. ¿El primer chakra provocó que el cuerpo manifestara una enfermedad o la enfermedad del cuerpo agitó la energía y el alineamiento del chakra?

Si estás nervioso por lo que te está pasando, yo siempre te recomiendo acudir a la medicina tradicional (al fin y al cabo, ¡soy médico!). Si eliges utilizar prácticas medicinales energéticas, mantén el contacto con tu médico alopático para asegurarte de que cubres todas tus necesidades sanitarias. El primer chakra y el cuerpo no son independientes, sino que ambos forman parte de una máquina perfectamente engrasada. Hay que observar la imagen al completo.

Tu mente y tu cuerpo

Volvamos a la conversación sobre el sistema nervioso para centrarnos en una parte increíblemente importante de la fórmula para la salud del primer chakra: la mente.

Cuando tenemos la psicología desequilibrada, fisiológicamente reaccionamos para restaurar nuestro estado de autenticidad e integridad. Si ignoramos nuestras necesidades psicológicas, nunca alcanzaremos el bienestar. En un intento para conseguir el equilibrio, nuestra química interna está tan desfasada que es muy fácil que acabemos siendo vulnerables a las enfermedades.

A nivel energético, los factores psicológicos (mentalidad, juicios y sentimientos) componen información sutil y física que se transmite vía sistema nervioso hasta todos los sistemas de órganos. Si no conseguimos gestionar los factores considerados negativos, como los miedos y los resentimientos, nuestra salud se verá gravemente afectada. Si nos damos permiso para centrarnos en las cualidades más positivas, como la paz y el amor, nuestra salud se verá beneficiada.

Te pondré un ejemplo relacionado con los pensamientos. Los pensamientos pueden empezar como energías sutiles, pero después se desplazan arriba y abajo de la médula mediante el sistema nervioso, que es uno de los principales sistemas relacionados con el primer chakra. Nuestro cuerpo manifestará salud o enfermedad dependiendo de la frecuencia vibratoria de determinado pensamiento o grupo de pensamientos. Las frecuencias bajas y densas mitigan la formación de enfermedades en el cuerpo, mientras que las frecuencias más altas y ligeras crean salud.

Cuando el sistema nervioso se bloquea con frecuencias bajas y densas, todos los centros de energías sutiles se pueden ver negativamente afectados, pero cada chakra tiene una especialidad relacionada con él. En concreto, nuestro primer chakra acoge frecuencias desequilibradas y bajas relacionadas con el deseo, la ira, el orgullo, la vergüenza, los resentimientos y las emociones primarias. Las vibraciones afectarán las glándulas suprarrenales y todo el cuerpo a través de las terminaciones nerviosas. De manera bastante literal, el estrés severo nos puede desequilibrar debido a la relación del primer chakra con la columna y la glándula suprarrenal y, como hemos visto durante nuestra exposición anatómica, con los pies. Éste es el motivo por el cual un sistema sobrecargado de estrés puede hacer que perdamos el equilibrio y caigamos.

En el fondo, el cuerpo posee la sabiduría de la mente y las experiencias, mientras que los chakras regulan el flujo de energías. De entre todos los chakras, el chakra raíz es necesario para crear vitalidad, seguridad y bienestar físico.

Trabajar con problemas del primer chakra

¿Cómo sabes si estás experimentando problemas del primer chakra? ¿Qué maneras existen de tratarlos? ¡Vamos a verlo!

¿Tienes problemas del primer chakra?
A continuación tienes una lista de síntomas que pueden indicar que este chakra es el origen de los problemas que presentas:

- dolores lumbares;
- antojos de azúcar o sal;

- corazón acelerado sin hacer deporte;
- estado de constante ansiedad;
- cansancio crónico;
- sensación de estar constantemente victimizado;
- un desorden alimentario;
- ansiedad que puede provocar pánico;
- problemas en cualquiera de los sistemas o partes corporales relacionados con el primer chakra, como las caderas, el recto o el ano.

Varias formas de ayudar al primer chakra

Respiración de caja: Este ejercicio de respiración es algo a lo que puedes recurrir en cualquier momento del día, siempre que tengas un momento. Inhala mientras cuentas hasta 4, 5 o 6 segundos (lo que te siente mejor), y después aguanta la respiración esos mismos segundos. Utiliza el mismo tiempo para exhalar y luego, esos mismos segundos para estar sin inhalar. Repite durante varias respiraciones. Este ejercicio de respiración te ayuda a liberarte de la inseguridad, y atrae sensaciones de seguridad al alterar el equilibrio de las fuerzas electroestáticas.

Alimentos para el primer chakra: Para ayudar al primer chakra, también te recomiendo alimentos terrenales, como los tomates, las zanahorias, las chirivías, las patatas, las remolachas, las cebollas, las nueces y los frutos rojos. Aportan una gran cantidad de vitaminas y minerales que ayudan a la glándula suprarrenal.

Terapia de colores: Puesto que el primer chakra está asociado al color rojo, llevar ropa roja puede ayudar a reforzar las energías de este chakra.

Anota tus emociones: El chakra raíz está asociado con determinadas emociones, de manera que puede resultar útil mantener un diario de tus emociones, como el miedo, la tristeza, la alegría, la ira y la culpa.

PRÁCTICA

Anclaje para la salud del primer chakra

Tu chakra raíz tiene el nombre perfecto. Tu ser divino y las energías espirituales disponibles necesitan un lugar donde poder echar raíces en el cuerpo y en la Tierra. Por eso el anclaje nos ayuda a curar el primer chakra. El anclaje equilibra la mente y el cuerpo «enraizando» el espíritu.

Uno de los métodos que yo utilizo para anclarme es caminar descalzo por el césped de mi jardín. Caminar descalzo, siempre que sea posible, es esencial, porque te permite liberar los iones positivos y estresantes del cuerpo hacia la Tierra. En grandes cantidades, los iones positivos son perjudiciales para nuestra salud. Por otro lado, los iones negativos alimentan la salud, y caminar descalzo te permite absorber los iones negativos y pacíficos que emanan desde la Tierra. Lo mejor es caminar sobre césped o sobre arena, aunque salir al aire libre ya puede ayudar. Deja que el fondo infinito de iones negativos de la Tierra reduzca la inflamación y rebaje los niveles de cortisol, acelerando la sanación, aliviando el dolor y mejorando la calidad de tu sueño[7].

Otra práctica para el anclaje es sumergirte en un agradable baño caliente de sales al final del día. Es una forma maravillosa de descargar los iones positivos.

7. www.healthline.com/health/negative-ions

Las lámparas de sal del Himalaya también ayudan a deshacernos de esos molestos iones positivos. Yo tengo una en cada habitación y en el pasillo de mi casa.

Otros ejercicios para el anclaje incluyen juegos de memoria, reírse a carcajadas, utilizar el hemisferio izquierdo del cerebro practicando lógica matemática, realizar actividad física, como deporte, andar o hacer estiramientos.

PRÁCTICA

El mudra Muladhara

Hay un mudra (posición de las manos) especial que te puede ayudar a anclar las energías internas del primer chakra. Los mudras con las manos son una característica especial del budismo tántrico y también se utilizan en los bailes clásicos de la India. Los textos de *hatha yoga* medievales, que comparten actividades físicas de yoga, son una de las principales fuentes de información acerca de los mudras[8]. La que ahora nos ocupa se llama mudra Muladhara y puede resultarte útil para empezar y acabar el día. Puedes ver la ilustración en la figura 2.

Para realizar este mudra, sigue los siguientes pasos:

Junta las palmas a modo de plegaria frente al corazón. A continuación, entrelaza los dedos meñique y anular, y dóblalos hacia las palmas de las manos. Ahora, estira bien los dedos corazón hasta que las yemas se toquen, y entrelaza y dobla el índice y el pulgar, hasta que formes dos anillos entrelazados con las yemas juntas. Así, invocas a las energías de la Tierra y las

---

8. Maehle, G.: *Mudras: Seals of Yoga.* Kaivalya Publications, Crabbes Creek, New South Wales, Australia, 2022.

guías hasta tu primer chakra, mientras invitas a entrar a una sensación de amor anclado.

Figura 2: Mudra Muladhara

Resumen

El primer chakra es, en definitiva, un punto de encuentro de mente, cuerpo, Tierra y espíritu. Mantenerlo sano es esencial si queremos mejorar nuestro día a día y acentuar los aspectos positivos de la humanidad. No debemos sentirnos mal por tener miedos, estrés y frecuencias en la sombra asociadas al primer chakra; son una parte fundamental de nosotros y nos permiten crecer. En cambio, podemos reforzar y equilibrar el chakra raíz tomando conciencia de su energía y aplicando algunas de las sencillas prácticas que encontrarás en este libro. Un primer chakra sano, que es básico para todas tus energías vitales, te ayudará a aprovechar la auténtica magia del cuerpo.

7
Autosanación y anclaje

Amelia Vogler

Me pasé la infancia haciendo dos cosas que parecen incongruentes: patinando en el tanatorio de mi familia y jugando en la exuberante naturaleza de la granja donde crecí. Enmarcados por las enseñanzas de los muertos y el nacimiento de las flores, mis primeros años me ofrecieron un paisaje educativo de lo místico, lo natural y lo divino. Mi brújula siempre apuntaba hacia las grandes preguntas de la vida: *¿Quién soy? ¿Cuál es mi propósito? ¿Por qué la vida es tan corta y hay quien vive menos que otros? ¿De dónde venimos? ¿A dónde volvemos? ¿Salimos alguna vez para ir más allá o trajimos el más allá con nosotros hasta aquí?*

Con el tiempo, me di cuenta de que la naturaleza refleja todas las enseñanzas sobre la vida, la muerte y cómo vivir. En el fondo, gira todo en torno al alma, cosa que genera una luz en el interior y alrededor de todo ser. El chakra raíz juega un papel vital a la hora de repartir esa luz por todo el interior del cuerpo físico. Este chakra, conocido habitualmente por sus cualidades de anclaje, apoya al alma para que sea (y permanezca) «casa» en tu cuerpo.

Este capítulo comparte varias prácticas autosanadoras profundamente ancladas que facilitan sencillas maneras de mejorar la relación entre tu alma y tu cuerpo, reforzar la resiliencia de tu chakra raíz mediante experiencias de personificación consistentes y sencillas, y anclar las cualidades o virtudes nucleares del alma a través del chakra raíz.

PRÁCTICA

Conectar con la Tierra a través de un anclaje bocabajo y devoto

Esta práctica te ayudará a conectar profundamente con la Madre Naturaleza y mejorar los poderes de tu primer chakra. Cuando realices esta práctica, empezarás a aplicar dos importantes lecciones para sanarte a ti y a los demás.

En primer lugar, debes liberarte de los resultados. Fijar una intención ofrece dirección a la sanación, pero eso es bastante distinto a definir un resultado específico de la sanación. Cuando persigues el resultado, limitas tu capacidad de sanación únicamente a las opciones que puedes ver. ¿Y si el Espíritu mayor tiene algo más importante reservado para ti? La segunda lección de la sanación es liberarte de la necesidad de saber; básicamente, es importante *permitir* en lugar de *saber*.

Cuando permitimos un proceso, nos relajamos. Liberamos tensiones o un flujo energético reducido. La sanación tiene misterio, y acostumbrarte a estar en el sitio «sin la necesidad de saber» permitirá que dispongas de más libertad energética para invitar a ese misterio a tu espacio de sanación.

Preparación
En las principales religiones, la reverencia más respetuosa es tenderse en el suelo, bocabajo y los brazos encima de la cabeza, con las palmas de las manos hacia el suelo. En esta práctica, no

vas a postrarte delante de ningún ser o deidad, sino que sencillamente te tenderás en el suelo, honrando el anclaje entre tu alma, tu cuerpo y la Tierra. En el sentido más espiritual, la Tierra es una extensión natural de tu cuerpo, un antepasado de tu forma actual.

Esta práctica también es increíblemente facilitadora del anclaje, puesto que tus principales órganos sensoriales están hacia abajo y los estímulos que reciben son limitados. Tienes la barriga completamente conectada con la tierra que tienes debajo. En pocas palabras, estás abierto a esa tierra, agradeciendo la conexión en forma de abrazo simbólico al suelo.

Intención

Establecer una sensación de anclaje en el cuerpo para alimentar tu relación con la Tierra.

Pasos

- Tiéndete bocabajo. Puedes volver la cabeza hacia un lado para mayor comodidad.
- Estira los brazos a los lados, con las palmas hacia abajo, o ábrete completamente estirando los brazos por encima de la cabeza, con las palmas de las manos también hacia abajo. Si tienes la movilidad reducida, estira los brazos de forma perpendicular al cuerpo.
- Inhala y siente cómo se te expande la barriga y se une a la Tierra. Exhala y siente cómo la Tierra se extiende hacia ti. Imagina que estás corazón con corazón y piel con piel con el planeta.
- Observa cómo te sientes al conectar tu cuerpo entero con el suelo, que está debajo de ti. Esto alimenta y equilibra tu chakra raíz.

PRÁCTICA

Escaneo corporal sanador supino

Esta práctica te ayudará a conectar con el cielo y con la Tierra.

Preparación

Cuando estás tendido bocabajo, tu columna, la base de todo tu sistema nervioso, está conectada con el suelo. Cuando unes la respiración y el cuerpo, conectas tu conciencia espiritual con tu yo más animal y primario.

Intención

Unificar la conciencia entre tu cuerpo energético y tu cuerpo físico.

Esta práctica es muy sencilla, pero es la auténtica base para cualquier otra práctica de autosanación. *No puedes cambiar lo que no ves, de modo que crear esta conciencia, focalizada en el cuerpo, es el primer paso para aprender prácticas autosanadoras.* Cuando puedas sentir, notar o experimentar la diferencia entre el fluir de la energía y cuando está inactiva y bloqueada es cuando iniciarás un diálogo entre tu cuerpo físico y tu cuerpo energético. Y la sanación se inicia en esas conversaciones.

Pasos

- Tiéndete en el suelo mirando hacia arriba con los brazos estirados a los lados y las palmas hacia abajo.
- Conecta con tu respiración diaria y normal.
- Empezando por la cabeza, recorre tus cuerpos físico y energético buscando zonas que notes tensas o con un flujo energético reducido. Este paso sencillamente impli-

ca darte cuenta y tomar conciencia. En algunos momentos, esto resulta más sencillo que en otros.

- Regresa a la cabeza y fluye de una zona a otra con una respiración intencionada. Cuando llegues a una zona de tensión o con un flujo energético reducido, inhala y dirige la respiración interna hacia allí. *Inspiración* significa «en espíritu» o introducir el espíritu en el cuerpo.
- Cuando exhales, agárrate con firmeza a la intención de permitir que el aire que liberas libere también tensiones, rigideces o energías bloqueadas en esa zona.
- Después de pasar por todas las zonas que estaban tensas o contracturadas, siente, nota o experimenta el cuerpo como un todo completamente integrado. Permanece tendido en tu plenitud.
- Opcional. Si hay un color, una forma, un sonido, una afirmación u otra práctica para limpiar el chakra raíz que sientas que te ayuda, ahora es el momento de ofrecer esa práctica, puesto que las energías del cuerpo están abiertas y fluyen, y tus cuerpos físico y energético se comunican.

Práctica

Equilibrio activo del chakra raíz

Si puedes, es muy poderoso utilizar las manos para equilibrar el primer chakra para uno mismo y para los demás. A continuación, te presento una profunda práctica para hacerlo.

Preparación

Toda sanación empieza en el corazón; es donde reside el amor, la vitalidad y la esencia. El corazón también tiene una membrana protectora llamada pericardio que, en el sistema meridiano, se extiende para proteger el cuerpo, la mente y el espíritu. Cuando empiezas cuidando el corazón, conectas tanto con el amor (la fuerza sanadora universal) como con la protección. Pondrás estas energías al servicio de la sanación y el equilibrio de tu chakra raíz. El lenguaje de amor del chakra raíz es la seguridad, y puedes extender las energías protectoras del pericardio a esta práctica.

Intención
Equilibrar el chakra raíz con amor.

Pasos
- Siéntate en una silla con los pies en el suelo. Coloca las dos manos encima del corazón y conéctalas con el amor que eres. Con las manos frente al corazón, y mientras profundizas tu conexión con el amor, nota cómo tus pies conectan de forma intensa con el suelo. Échate hacia delante y coloca una mano encima de cada pie o tobillo y ofréceles amor. Concéntrate en la intención de que el amor equilibra los chakras a través de los pies, quizá incluso honrando tus pasos en este planeta. Sujétate los pies durante un minuto.
- Sube las manos hasta las rodillas y ofréceles también amor. Representan la humildad y te dan acceso a una profunda alegría. Concéntrate en la intención de que el amor equilibra las rodillas. Sujétate las rodillas durante un minuto.
- Sube las manos hasta las caderas y ofréceles amor. Te ayudan a pivotar y cambiar de dirección en la vida. Concéntrate en la intención de que el amor equilibra las caderas. Sujétate las caderas durante un minuto.

- A través de la intención, visualiza cómo la energía se desplaza desde tus caderas hasta el suelo y vuelve a subir. Esto te ayudará a abrir todos los canales de energía y reforzará tu conexión con la Tierra. Practica la percepción del movimiento de la energía en tu cuerpo.
- Coloca una mano entre los muslos, con la palma tocando la piel, a unos quince centímetros de la base del perineo. Concéntrate en la intención de que el amor equilibra el chakra raíz durante un minuto.
- Reconoce lo que percibes. Puede que sientas un cambio energético, una sensación de atracción o una pulsación desde el chakra raíz. Quizá, también sientas que estas sensaciones se van equilibrando a medida que pasan los minutos.
- Desliza las manos por las piernas de arriba abajo y golpea en el suelo con los pies para finalizar la práctica. Esto te ayudará a limpiar cualquier energía bloqueada en las piernas y en el chakra raíz.

PRÁCTICA

Limpiar el chakra raíz a través de la rueda interna

Como todos los chakras, el chakra raíz tiene una rueda interna y una rueda externa. Cyndi lleva mucho tiempo explicándolo. En *Advanced Chakra Healing* explica que la rueda interna está codificada por el espíritu y regula las funciones *dhármicas* o espirituales, mientras que la rueda externa está programada por el alma, los asuntos familiares y el karma o los asuntos a los que debes enfrentarte[9].

La manera más poderosa de equilibrar el primer chakra es emanando sanación desde la rueda interna: desprendiendo luz, reprogramando así cualquier idea negativa en la rueda externa.

Preparación

En esta práctica de sanación, activarás tu propia luz y la de varias virtudes espirituales mediante la rueda interna del chakra raíz.

Intención

Permitir que tu propia luz, la luz de las virtudes divinas, facilite una sanación personal del primer chakra.

Pasos

- Tómate un segundo y conecta con una virtud que tú personifiques en tu vida. Algunos ejemplos son la integridad, la honestidad, la gracia, la belleza, la ingenuidad, la creatividad, la amabilidad, el humor, el amor, o la paz.
- Utiliza tu intención e imagina una bola de luz llena de esta virtud en el centro de tu primer chakra, en la zona de las caderas. Refuérzala enviándole afirmaciones para honrar lo que eres. Es tu espíritu interior, ubicado en la rueda interna de tu chakra raíz. Esencialmente, estás dando fe de la belleza que eres. Con la intención, permite que las energías de esta bola llenen, equilibren y refuercen tu chakra raíz desde dentro. Por ejemplo, puedes pedir paz futura y darte cuenta de cómo esta paz se convierte en ti. Esto ilustra dos cosas: primero, que eres el

---

9. Dale, C.: *Advanced Chakra Healing*. Llewellyn Publications, Woodbury, Minnesota, 2021.

vehículo para las virtudes; y segundo, que lo que deseas para tu futuro se hace realidad a través del chakra raíz.

Resumen

El chakra raíz es tu cimiento, tu base, de modo que estas prácticas te permiten conectar de forma más profunda con la luz interna de quién eres, y que está conectada contigo y con la tierra que hay debajo de tus pies. En definitiva, estas prácticas te aportan una conexión personificada con la luz que brilla en tus ojos, te conecta todavía más con la compasión y honra la luz en todos los seres vivos.

8
Meditaciones guiadas

Amanda Huggins

Como *coach* de la ansiedad, profesora de yoga e instructora de meditación, considera que la meditación es una práctica esencial para cualquiera que desee una mente, un cuerpo y un espíritu más equilibrados.

Cuando recomiendo la meditación a un principiante, suelo oír dos cosas: «¡Meditar se me da *fatal!*» y «Sé que debería meditar, pero es que ¡es tan difícil!». Estoy de acuerdo con esto último; la meditación *puede* ser difícil a veces. Como humanos, tenemos la mente ocupada siempre de forma natural, y sentarnos inmóviles durante un rato puede suponer todo un reto.

No obstante, la meditación no es tanto una práctica para *eliminar todos los pensamientos de la mente* como *observar y no quedarnos atrapados en los pensamientos que surgen*. Imagina un día soleado y sin prisas en que te dedicas a observar las nubes: una parece una mariposa, la siguiente… quizá un barco. Las nubes van pasando mientras tu mirada sigue observando el cielo e identificando las formas que ve. ¿Dirías que en esa situación no hay ningún pensamiento en tu mente? ¡Por supuesto que no! Pero, mientras la mente descansa en un período de observación relajada, quizá descubras que percibes menos pensamientos ansiosos o aleatorios. La meditación es *eso*.

Cuando sintetizas la meditación en el simple acto de *inhalar* y *exhalar*, ya eres un meditador experto. Cuando decidiste que había llegado el momento de salir del vientre de tu madre y salir al mundo exterior, ¿qué es lo primero que hiciste?

Respiraste hondo.

¿Lo ves? ¡Ya eres un meditador fantástico! Lo has estado haciendo desde que naciste.

La mente, el cuerpo y la conexión del primer chakra

El primer chakra y la meditación son compañeros perfectos, porque ambos están directamente ligados a nuestra habilidad para sentirnos anclados, seguros y estables. Una práctica de meditación consistente ha demostrado ser un apoyo magnífico para el sistema nervioso central y la respuesta de luchar o huir. Cuando esta respuesta se activa (en general a consecuencia de una mente ansiosa), altera el sistema nervioso *y* el sistema energético.

Desde un punto de visto emocional, el miedo es la energía detrás de la activación del pelear o huir; tu mente y tu cuerpo han decidido que no estás seguro y ese sentido del miedo se transmite a tu primer centro de energía. Y no sólo se siente sin anclaje el cuerpo físico, sino que la mente y las emociones están descontroladas con historias basadas en el miedo y diálogos internos negativos que perpetúan una narrativa de inseguridad.

Como persona que ha sufrido ansiedad, vivía en un estado de pelea o huida constante y experimentaba largos períodos de desconexión de mi primer chakra. Había muchas cosas que solían activar profundamente mi miedo, pero el dinero era el máximo desencadenante. Durante años viví con el agua al cuello y el mero hecho de escuchar palabras como «alquiler» o «facturas» me ponía de los nervios. A los pocos segundos, mi cuerpo entraba en un estado de pánico y mi mente de llenaba de comentarios basados en el miedo. Estaba en tal estado constante de desintegración que me resultaba imposible aceptar cualquier otra narrativa que no fuera «El dinero me hace sentir insegura».

La meditación fue una práctica clave para reconectar con mi primer chakra y sanar esa narrativa del miedo en particular. Aprendí a relajar la respiración, a estar presente con mis pensamientos y a conectar con mi centro energético de seguridad. Cuando empecé a volcar energía y conexión en el primer chakra, pude por fin empezar a desplazar el miedo y la resistencia de mi espacio mental.

Todos tenemos nuestros tipos de miedo únicos. Para algunos, no hay nada más activador que las finanzas. Para otros, puede que sean las relaciones románticas o el trauma parental. En muchos casos, normalmente no es una única cosa. He trabajado con multitud de clientes que previamente habían expresado que casi *todo* activaba su respuesta de luchas o huir.

Si todavía no estás seguro de qué (o quién) activa esta respuesta en ti, te animo a que te tomes unos instantes para reflexionar antes de continuar. Aquí debajo te dejo cuatro preguntas para guiar tu reflexión y ayudarte a ganar más claridad en lo que puede estar bloqueando tu primer chakra:

- ¿Qué siento que bloquea o desata más mi primer chakra?
- ¿Qué me genera una sensación de inseguridad, no anclaje o miedo en mi cuerpo? ¿Y en la mente?
- ¿Cómo se manifiestan esos miedos en mis acciones?
- ¿Cómo sería mi vida si pudiera liberarme de esos miedos?

Estas preguntas pueden ofrecerte una capa de autoconocimiento y ayudarte en los ejercicios de meditación que exploraremos juntos.

Prácticas de meditación

Antes de iniciar cualquiera de las siguientes prácticas de meditación, vamos a tomarnos un instante para revisar los elementos básicos.

- **Espacio.** Puesto que el primer chakra está tan profundamente conectado con la seguridad y el anclaje, te animo a crear un ambiente que pueda devolverte esas energías. Busca tus cojines más cómodos, las mantas más cálidas y los calcetines más mullidos. Preocúpate por crear o encontrar un espacio que te coja y te alimente.
- **Sonido.** Si la sensación de estar sentado en absoluto silencio no te ancla, pon una música suave. Para mayor beneficio, puedes escoger música diseñada especialmente para sanar y conectar con el primer chakra. Existen frecuencias que emiten sonidos sanadores que ayudan a liberar miedos; una búsqueda rápida por Internet te mostrará cientos de grabaciones fantásticas entre las que puedes escoger.
- **Cuerpo.** Si es posible en tu caso, siéntate con las piernas cruzadas para que puedas notar cómo el chakra raíz conecta con la Tierra. También puedes elegir tenderte en el suelo y dejar que tu cuerpo se fusione con la Tierra; es una buena opción para reforzar las sensaciones de apoyo y seguridad.

Los siguientes tres ejercicios de visualización, indagación y afirmación ofrecen distintas formas de acceder a tu primer chakra. Puedes practicar el que más te apetezca, combinarlos o añadir lo que necesites. La meditación es un ejercicio de fluidez libre, una práctica profundamente personal, y te animo a que utilices este espacio para escuchar y responder a los mensajes de tu primer chakra. Recuerda que *tú* tienes las claves para tu sanación.

PRÁCTICA

Cómo visualizar

No hoy una forma «correcta» de practicar la visualización en una meditación. Algunas personas son capaces de «ver», casi literalmente, formas, colores y texturas, mientras que otras pueden que describan la visualización como algo más parecido a una sensación, un recuerdo o un conocimiento interno. Sea cual sea tu forma de visualizar, confía en que lo estás haciendo bien.

Empecemos.

Cuando tengas tu espacio listo y hayas preparado el cuerpo, cierra los ojos. Utiliza las primeras tres o cinco respiraciones (inhalaciones y exhalaciones largas y lentas) para relajarte antes de la práctica. Percibe si el estrés o la ansiedad del día intentan distraer tu atención de la respiración. Si es así, utiliza las exhalaciones para liberar las distracciones y vuelve a tu centro.

Lleva tu atención hasta la base de la columna y concéntrate en la preciosa luz roja que emana de tu primer chakra. Respira.

Mientras observas este centro energético, ¿qué sutilezas percibes? ¿Qué tonalidad de rojo ves? ¿La luz es muy brillante? ¿A qué distancia fuera de tu cuerpo alcanza?

Ahora, deja que te guíe la intuición mientras sientes lo que estás observando. A lo mejor decides que quieres «resintonizar» hacia arriba o hacia abajo el brillo de este centro energético… o quizá te gustaría que fuera de un tono rojo más intenso. A través de tu mente, mira cómo esos ajustes se implementan, hasta que te sientas completo.

Quédate en el chakra y, de forma lenta y expansiva, suelta el aire. Mientras lo haces, contempla las raíces que nacen de tu primer chakra y se hunden en el suelo que tienes debajo. Observa cómo la red de raíces se pierde por debajo del suelo fértil. ¿Hasta dónde llegan?

Imagina que la tierra donde tus raíces están creciendo es rica en toda la estabilidad, el apoyo y la energía sanadora universal que deseas. Hay más que suficiente para ti, y lo notas. Mira cómo tus raíces se alimentan de la seguridad y estabilidad necesarias, y cultivan una sensación de gratitud. Son tu base.

Puede que sientas la llamada para, sencillamente, absorber y recibir durante unos minutos. Sigue respirando el tiempo que necesites. A veces, la parte inferior del cuerpo puede notarse especialmente pesada. Si te sientes cómodo y seguro, continúa ofreciendo el peso de tu cuerpo al suelo y disfruta de la agradable sensación de confiar en que la Tierra te sostiene. Te está cuidando.

Cuando estés preparado para cerrar la meditación, deja que las visualizaciones vayan desapareciendo y vuelve a concentrarte en la respiración. Inhala profundamente tres veces para despertar a tu cuerpo.

PRÁCTICA

Indagar

Practicar la autoindagación meditativa es una de mis formas preferidas de salir del cerebro «lógico» y acceder al corazón (y, en este caso, ¡a la raíz!). Cuando practicas la meditación auto-indagadora, te concentras en una única pregunta o en una serie de preguntas (como «¿Qué no estoy viendo?» o «¿Qué parte de mí se está escondiendo?») y dejas que cualquier percepción, respuesta o sanación se desplace por tu cuerpo.

Las siguientes preguntas de indagación pretenden que empieces a establecer un diálogo con tu primer chakra. En tu propia indagación, puede que descubras que aparecen preguntas nuevas… ¡fantástico! Deja que tu conciencia se desplace hasta las preguntas que sientas que te ofrecerán sanación y guía.

Encuentra una postura de meditación cómoda. Tómate unos instantes para acompasar respiración y cuerpo, utilizando la lista de elementos básicos que hemos visto antes. También puedes optar por practicar primero el ejercicio de visualización como paso previo a la indagación.

Respira hondo y deja que todos los pensamientos del día se filtren por el primer chakra y vayan hacia la Tierra. Mantén esta liberación hasta que tengas menos ruido en la mente y el cuerpo más calmado.

Para aquellos con las mentes más parlanchinas, sugiero que se visualice cómo bajar el sintonizador de la «lógica» cerebral y subir el del «cerebro del corazón» o «cerebro del chakra» antes de sentarte con las preguntas de indagación.

Coloca tu energía y tu conciencia en el primer chakra. Mantente ahí, y elige una o dos preguntas sobre las que reflexionar. Aquí te dejo algunas de mis favoritas:

- ¿Qué es la seguridad para mí?
- ¿Dónde experimento seguridad en mi cuerpo?
- ¿Qué me bloquea el primer chakra?
- ¿Qué quiere el primer chakra que oiga, sienta o sepa?
- ¿Cómo puedo generar más anclaje en mi vida?

Quizá sea buena idea que tengas un diario a mano para poder anotar cualquier percepción que se te ocurra. Respira y recibe, y sigue rindiéndote con la eterna conversación de tu primer chakra.

Cuando te sientas completo, da las gracias a tu cuerpo, a tu sistema energético y a tu corazón por haber participado. Respira con suavidad varias veces para regresar poco a poco a tu cuerpo.

PRÁCTICA

Usar la afirmación

Puedes practicar esta meditación para empezar a afirmar cómo quieres sentirte. Es una manera muy agradable de cambiar tu diálogo interno y alcanzar sistemas de creencias positivos. A través de una práctica de afirmación regular «Estoy», asumirás las riendas de tu energía, tus narrativas y tus pensamientos negativos.

Las afirmaciones de «Estoy» son una meditación del tipo «escoge tu propia aventura»; puedes cambiar el mantra en base a cómo tú (y tu primer chakra) os sintáis. Quizá un día te sientas desconectado y quieras escoger un mantra como «Estoy anclado» para inspirar pensamientos y sensaciones de seguridad. Puede que otro día te sientas increíblemente anclado y utilices el mismo mantra para celebrar las maravillosas sensaciones que ya estas viviendo.

Aquí debajo te dejo unos mantras de muestra y sugerencias de cuándo usarlos:

- «Estoy a salvo», para días en que sientes miedo.
- «Estoy en casa», para crear o reforzar la seguridad y el anclaje en tu cuerpo.
- «Estoy cuidado» o «Estoy protegido» cuando te sientes abandonado o distraído por tu entorno externo.
- «Estoy anclado» o «Estoy estable» cuando te sientas especialmente inestable.
- «Estoy conectado» para reforzar el vínculo entre tú, tus centros energéticos y todo lo que existe más allá de ti.
- Simplemente, di «Estoy» para afirmar tu energía.
- Canta el sonido del primer chakra, *Lam*. Es una opción magnífica en cualquier momento, pero especialmente para aquellos días en que no tengas palabras.

Tómate un instante para conectar con tu energía. Cuando empieces a respirar profundamente, observa qué mantra reclama tu alma. Cuando inhales, repite «Estoy» mientras acumulas energía en el primer chakra. Cuando exhales, repite la palabra o las palabras que hayas elegido, y ánclate en la Tierra. Continúa.

Permítete perderte en la naturaleza cíclica de la respiración mientras repites tu mantra. Invita a las sensaciones o las cualidades asociadas a tu mantra «Estoy» a visitar tu cuerpo. Sigue concentrado en la respiración durante al menos cinco minutos… ¡aunque puede que permanezcas así mucho más!

Cuando sientas que estás preparado para terminar la meditación, respira hondo y levanta los brazos estirados por encima de la cabeza. Nota cómo la columna se extiende desde la raíz hasta la corona mientras te estiras hacia arriba, y haz una suave pausa con los pulmones llenos. Mientras exhalas y llevas las manos hasta el corazón, ofrécete una última plegaria, a ti, a tus guías y al universo: «Gracias».

Resumen

Lo bonito de la meditación es que es completamente libre, no hay florituras que alberguen grandes recompensas. Se trata más de observar tus pensamientos sin juzgarlos que de controlarlos de cerca. También puedes estar seguro de que cada vez que exhalas profundamente, estás dando un paso más para regular tu sistema nervioso, liberando el miedo; y que cada vez que inhalas, estás dando la bienvenida al aire fresco y a la energía que sustituirá el miedo que acabas de liberar.

9
Remedios vibracionales

Jo-Anne Brown

Mi viaje por la medicina energética empezó cuando tenía treinta y pocos años, cuando sufría unos problemas graves de salud a consecuencia de un desequilibrio en el primer chakra. Perdí el entusiasmo por la vida y me costaba estudiar, trabajar o estar presente en mis relaciones. No tenía energía y me sentía insegura. Ataques de pánico diarios, migrañas regulares y problemas digestivos crónicos me perseguían. Después de mucho investigar, encontré a un profesional especializado en una modalidad basada en la frecuencia que trabajó conmigo para restaurarme el primer chakra.

Al igual que muchos sanadores energéticos, empecé mi propia práctica de medicina energética después de mi sanación transformativa. No me imagino haciendo este trabajo sin los remedios vibracionales; son una parte esencial de mi kit de trabajo energético. Durante los últimos veinticinco años, he sido testigo de muchas modificaciones energéticas milagrosas a través de la aplicación de remedios vibracionales que sostienen el primer chakra.

Sabemos que el primer chakra representa la energía física, ¡pero es mucho más que eso! Recuerda, más del 99,999 % de la energía de un objeto es energía sutil. Cuando pensamos en el primer chakra como algo puramente físico, nos olvidamos de la rica profundidad de energías sutiles que contiene, incluyendo la energía arquetípica de la madre, el atributo de la paciencia, la actividad kundalini, el afecto, la caricia de amor y las cualidades de seguridad y abundancia.

Ahora voy a aumentar tu conciencia sobre cómo los remedios vibracionales sostienen y empoderan el primer chakra…

- describiendo qué son;
- explicando cómo nos benefician;
- explorando la diferencia entre remedios basados en el apoyo y los tangibles;
- haciendo una lista de los remedios para el primer chakra;
- explicando dos prácticas para darte apoyo en casa.

¿Qué son los remedios vibracionales?

Los remedios vibracionales ayudan a alterar energías desarmonizadas para que podamos regresar a un estado de fluir o equilibro. Sabemos que el primer chakra tiene obligaciones físicas. También tiene funciones psicológicas y espirituales, entre ellas nuestros sistemas de pensamientos y creencias, emociones, huellas (o patrón genético), historia familiar, ancestros y pasado. Los remedios vibracionales pueden ser auténticos agentes de apoyo para nuestro primer chakra, y que trabajan principalmente dentro de las reglas de la resonancia.

¿Qué es la resonancia?

Nuestra respuesta energética a los remedios vibracionales se conoce como resonancia. La resonancia ocurre cuando un objeto vibra a la misma frecuencia natural que otro objeto y provoca en este segundo un movimiento vibracional.

En el mundo de la música, el resultado de la resonancia es el sonido. En el mundo de la sanación vibracional, la resonancia ocurre cuando una persona experimenta energéticamente los beneficios del remedio vibracional. A veces, estos remedios nos benefician a todos, recordándonos energéticamente las fortalezas del primer chakra. En otras ocasiones, nos informan, nos educan y nos conectan con los cambios que tenemos que realizar para reflejar más atributos positivos del primer chakra.

En definitiva, la experiencia humana nos expone a energías (físicas, psicológicas y espirituales) que son resonantes o disonantes. Nuestras energías personales del primer chakra resuenan con energías de un primer chakra sano y están en disonancia con aquellas energías perjudiciales o degenerativas para nuestro primer chakra. ¡Es así de sencillo!

El modelo biofísico de medicina

Los remedios vibracionales están más basados en el modelo biofísico de medicina que en el modelo mecánico de medicina occidental. El modelo biofísico reconoce que las señales energéticas (biofísicas) ocurren en el interior de nuestro cuerpo antes que los cambios físicos en nuestra química celular.

El modelo biofísico está basado en la premisa de que las señales biofísicas se transmiten de forma electromagnética mediante frecuencias o información vibracional. Al fin y al cabo, como organismos vivos, somos campos energéticos; somos seres eléctricos. Todas y cada una de las células sanas de nuestro cuerpo producen una potencial membrana: una pequeña descarga eléctrica mensurable de unos setenta milivoltios. Cuando la potencial membrana cae, nuestras células empiezan a comportarse de forma poco sana. Y cuando nuestras células ya no tienen ninguna membrana potencial mensurable, ya no son células vivas.

Los biofísicos creen que una enfermedad deriva de una comunicación celular interrumpida, que lleva a la caída de nuestros sistemas de autorregulación. Cuando introducimos señales energéticas sanas en el cuerpo, la comunicación entre las células mejora y la capacidad sanadora natural del cuerpo recibe apoyo.

Esta comunicación es crucial durante el desarrollo activo del primer chakra en un nuevo ser vivo. Justo después de la concepción, se producen múltiples divisiones celulares a una gran velocidad, y el primer chakra ya está convirtiendo energías sutiles, en forma de señales vibracionales, en forma física. Mientras esto sucede, incontables e invisibles factores, altamente influyentes, se personifican, incluyendo la programación familiar que moldea los sistemas de valores y creencias.

Remedios vibracionales para el primer chakra

Los remedios vibracionales se pueden dividir en dos categorías:

- Remedios basados en apoyo.
- Remedios tangibles.

Remedios basados en apoyo

Los remedios basados en apoyo incluyen tratamientos, terapias y prácticas que trabajas con energías sutiles. En general, requieren la presencia y guía de un sanador profesional, y apoyan las energías de nuestro primer chakra a través de uno de estos métodos:

- Contacto piel con piel (como la acupresión, la acupuntura, la kinesiología, el masaje, la reflexología y técnicas de contacto terapéuticas).
- Medios vibracionales (como las terapias de color/cristales/chakra, las modalidades basadas en frecuencias, terapias de sonido o voz, reiki y tonificación).
- Demostración guiada (como el yoga y la EFT, una técnica de libertad emocional).

A continuación, voy a examinar tres de las modalidades que acabo de describir. En primer lugar, explicaré dos métodos relacionados con los medios vibracionales: las terapias de sonido y las modalidades basadas en frecuencias. En segundo lugar, exploraré la EFT, que pertenece a la categoría de demostración guiada. El contacto piel con piel os lo dejaré a vosotros, porque estos procesos son mucho más eficientes cuando los administra un profesional. Por supuesto, también hay muchas técnicas de autosanación que puedes encontrar en otros libros o en Internet. He seleccionado estos tres métodos porque son potentes y es fácil encontrar formas de realizar la sanación por tu cuenta o con un profesional.

Terapias de sonido: Algunos de los remedios vibracionales más puros son terapias basadas en el sonido, que utilizan música y sonido para apoyar energéticamente al primer chakra. En este proceso, se pueden utilizar varios instrumentos y herramientas, incluyendo instrumentos musicales (tambores y platillos), cuencos alquímicos de cristal, diapasones y palos de lluvia.

En mi trabajo de sanación, utilizo frecuencias solfeggio, que se alinean con el plano físico (de la numerología) para apoyar al primer chakra (174, 417 y 741 Hz). Mi favorita es la de 174 Hz, que es particularmente beneficiosa para aquellos que sufren de un dolor o un trauma extremo.

Otras frecuencias que proveen de un apoyo vibracional importante para el primer chakra son las de 432 y 228 Hz.

Terapias basadas en las frecuencias: Estas terapias utilizan aparatos generadores de una frecuencia de bajo voltaje (como la máquina Rife) para enviar vibraciones terapéuticas al cuerpo mediante electrodos conductivos. Durante una sesión de terapia, el cuerpo recibe estas vibraciones a un nivel celular y mejora la comunicación celular, apoyando a las células que han reducido sus membranas potenciales.

Las terapias basadas en frecuencias nos permiten trasladar las energías «bloqueadas» del primer chakra utilizando unas frecuencias customizadas, en concreto para activar los canales meridianos del riñón y de la vejiga bloqueados y apoyar los sistemas de órganos controlados por el primer chakra. Aquí incluimos las glándulas suprarrenales, el sistema urinario, las vértebras coccígeas y los órganos excretores.

El golpeteo EFT: Es una práctica vibracional para tratar el dolor físico o la aflicción emocional. Implica un proceso sistemático de golpear sobre determinados puntos meridianos con las yemas de los dedos mientras pronunciamos unas frases específicas. El golpeteo es una ayuda inherente para el primer chakra porque aborda los principios de seguridad y abundancia de este chakra. Esta práctica ofrece apoyo vibracional a muchas personas que sufren de dolencias graves del primer chakra, como traumas, TEPT, ansiedad, depresión, miedos y fobias.

El golpeteo EFT activa los meridianos de la vejiga y del riñón (ambos controlados por el primer chakra), de modo que este remedio vibracional está especialmente indicado para tratar problemas relacionados con el primer chakra.

Remedios tangibles

A diferencia de los remedios basados en un apoyo, los remedios vibracionales tangibles son «medicinas». Pueden administrarse de forma oral (gotas o pequeñas pastillas), tópica (aceites, ungüentos o pomadas) o difusa (aceites esenciales).

Estos remedios vibracionales incluyen los remedios homeopáticos, las esencias florales y los aceites esenciales. También incluyen objetos infusionados que nos apoyan de forma intrínseca mediante su presencia en nuestro entorno (cristales, joyas, amuletos y otros objectos materiales).

Remedios homeopáticos: La homeopatía es un sistema de medicina alternativa desarrollado por Samuel Hahnemann a finales del siglo xviii, basándose en la premisa de que «lo igual cura lo igual»; es decir, que una sustancia que provoca síntomas de una enfermedad en una persona sana puede, en dosis significativamente menores, tratar otra enfermedad con síntomas similares.

Las distintas potencias homeopáticas (baja, media, alta y muy alta) se utilizan para distintos niveles energéticos del cuerpo, incluyendo el físico, el mental, el emocional, el psicológico y el constitucional.

Durante el diagnóstico, un profesional de la homeopatía utilizará el principio de resonancia para garantizar que se prescribe un remedio a medida adecuado para facilitar la sanación.

Los remedios homeopáticos que ayudan al primer chakra son, entre otros, el aconitum, el árnica, el cocculus, el gelsemium y la pulsatilla. Cuando las condiciones ya se han manifestado físicamente en el cuerpo, los remedios de baja potencia son los más indicados para promover la sanación física.

Esencias florales: Los remedios vegetales se han estado utilizando con eficacia en muchas culturas desde principios del siglo xvi, cuando el doctor y alquimista suizo Paracelso recogía rocío de flores para tratar los desequilibrios emocionales de sus pacientes.

Los antiguos herboristas solían aplicar la doctrina de la teoría del signo para determinar las propiedades sanadoras de las plantas. Es otro principio de resonancia que significa que determinadas características propias de la planta (como la forma, el color o la esencia) indican sus propiedades sanadoras. Por ejemplo, las plantas y las flores rojas benefician a la sangre y a los órganos que procesan sangre.

Este concepto se utilizó en la creación de muchos tipos de remedios de esencias florales. Yo practico las flores de Bach y las flores de Bush, porque he podido comprobar su poder conmigo misma y con mis clientes.

- **Remedios de flores de Bach:** A principios del siglo xx, Edward Bach formuló treinta y ocho remedios líquidos basados en flores y su famosa mezcla Remedio de Rescate, como un sistema para ayudar a las personas mientras experimentan determinadas emociones y alcanzan el equilibrio emocional y holístico. Los remedios de flores de Bach que ayudan al primer chakra incluyen el Remedio de Rescate para la liberación del estrés, Álamo temblón (para la seguridad), Heliantemo (para el valor), Impaciencia (para la paciencia) y Mímulo (para hacer frente a los miedos).

- **Esencias de flores de Bush**: El australiano Ian White es la quinta generación de una familia de herboristas y que, ya desde pequeño, aprendió que los aborígenes solían corregir sus desequilibrios emocionales comiendo flores que encontraban en el *bush* australiano. Formuló sesenta y nueve remedios líquidos individuales basados en flores y doce mezclas propias para equilibrar y armonizar nuestro bienestar, ayudando a nuestras energías sutiles. Los remedios de los arbustos florales australianos que ayudan al primer chakra son Emergency Essence (para la comodidad, la tranquilidad y el valor), Abund Essence (para tomar conciencia sobre la pobreza), Dynamis

Essence (para restaurar la energía vital), Dog Rose (para los miedos y las inseguridades) y Macrocarpa (para restaurar la resistencia y el entusiasmo).

A continuación, te dejo dos prácticas vibracionales que puedes utilizar para ayudar a tu primer chakra.

PRÁCTICA

Abrirte a la abundancia a través de una versión simplificada de la EFT

¿Quieres atraer abundancia y prosperidad? Esta sencilla práctica activa cuatro aspectos de tu primer chakra para que puedas recibir bienes materiales de forma fácil.

- Busca un lugar cómodo donde no te molesten. Siéntate mirando hacia el norte.
- Date unos golpecitos en ambas clavículas (es el punto KI-27 del meridiano de los riñones) con el índice y el dedo corazón de ambas manos. Mientras haces esto, di: «Activo las vibraciones positivas del primer chakra que me permiten recibir abundancia y bienes materiales con facilidad».
- Sigue golpeando y repite esta misma frase un total de ocho veces.
- Levanta ambas manos hacia el cielo y visualiza que estás recibiendo todos tus deseos y necesidades materiales, y más.
- Repite esta práctica a diario.

PRÁCTICA

▪ ▪ ▪ ▪

Crea un remedio artístico impregnado de protección

¿Te gustaría crear un remedio impregnado de energías protectoras y seguras? Entonces, ¡esta práctica es para ti! Vas a necesitar un lienzo cuadrado, pintura acrílica de color negro, rojo y amarillo, un pincel de dos o tres centímetros y un puñado de arena. Estos tres colores se utilizan en muchas culturas por el significado que invocan. Por ejemplo, en la Rueda Medicinal, el amarillo representa el Sol, el negro habla sobre el final del día, el rojo hace referencia al poder activo y el blanco (que casi seguro será el color del lienzo) está relacionado con la calidez. Asimismo, estos tres colores aparecen en el primer chakra, donde el negro representa el anclaje, el rojo es la coloración típica del chakra y el amarillo es la tonalidad del elemento tierra. En el capítulo 12 hablaremos más en profundidad de los colores.

- Antes de empezar a pintar, establece la intención de que la obra que estás creando estará impregnada con energía protectora y segura para ti y para la persona que la reciba.
- Pinta el lienzo, incluyendo los bordes, con pintura acrílica negra y deja que se seque.
- Con la pintura amarilla, dibuja el símbolo de protección que hayas escogido en el centro del lienzo. Puede ser el cuadrado amarillo que está en el centro del yantra del primer chakra que hemos visto en el apartado de los yantras en la primera parte del libro, o cualquier otro que tú elijas.

- Recorre el contorno de tu símbolo con pintura roja. Mientras la pintura todavía está fresca, esparce la arena ligeramente por el lienzo y deja que se seque.
- Cuelga tu remedio impregnado encima del cabecero de la cama o en una habitación donde pases mucho tiempo.

(Esta práctica también se puede hacer en nombre de los bebés mientras el primer chakra se está desarrollando desde el útero hasta los seis meses de vida).

Resumen

El propósito de los remedios vibracionales es mover, desbloquear o equilibrar la energía vital del primer chakra. Cuando esto sucede, nos sentimos reforzados y empoderados en los niveles más básicos de nuestros sistemas energéticos.

Todo, lo visible y lo invisible, esconde una vibración. Las energías sutiles del primer chakra se extienden mucho más allá del reino físico. Cuando comprendemos esto, reconocemos que hay un abanico realmente ilimitado de opciones de sanación disponibles para ayudar al primer chakra.

Te animo a jugar con remedios vibracionales que ayuden a tu primer chakra. Empieza con las dos prácticas que te he enseñado y luego explora alguno de los remedios de este capítulo, guiándote por tu intuición. ¡Espero que te diviertas tanto como yo!

10
Cristales, minerales y piedras

Margaret Ann Lembo

Vitalidad y vigor, concentración y fuerza, abundancia y prosperidad: todo esto acoge las energías clave del chakra raíz. El primer chakra ancla tu espíritu a tu cuerpo terrenal. Y ése es uno de los motivos por los que disfruto utilizando cristales, minerales y piedras para equilibrar y alinear los chakras. Estos maravillosos regalos de la Tierra aportan resplandor, brillo y color vibrante a tu viaje espiritual.

El chakra raíz es la base sobre la que se levantan los otros chakras. Al conectar con la Madre Naturaleza, las gemas son aliadas y herramientas para tu tiempo en este planeta.

El poder de la intención

Tal y como Cyndi te informó al principio de la parte 2, la intención es todopoderosa. Es crucial para activar las capacidades sutiles de las gemas. Y cuando unimos una gema a una afirmación diaria, la piedra amplifica su poder y te ayuda a mantenerte centrado en esa intención.

Escoger la piedra perfecta para acompañar a tu intención es sencillo. Sólo tienes que concentrarte en la imagen o pensamiento de tu intención y después mira los cristales que tienes disponibles, ya sea en una tienda o en tu colección privada. Yo te daré mi recomendación de qué piedras usar, pero debes confiar en tu guía interna. Si hay alguna piedra que te atrae, sigue tus instintos. Conecta tu pensamiento positivo con esa gema y observa cómo tu mundo se realinea con lo que has decidido que quieres crear.

Prosperidad

La conciencia de la prosperidad reside en el chakra raíz e incorpora todos los sistemas de creencias que tienes acerca del dinero. ¿Qué te parece ser rico? ¿Te gusta la gente rica? ¿Crees que mereces que te paguen por tu trabajo? ¿Cómo gestionaba tu familia el dinero? ¿Ahorras? ¿Puedes aceptar que hay dinero de sobras para todos y que todo el mundo puede ser próspero en este aspecto? Estas creencias fundamentales se forman a una edad muy temprana.

La abundancia y la seguridad económica están al abasto de todo el mundo. Aquí te dejo mis favoritos para la prosperidad:

El citrino, o también conocida como «la piedra del comerciante», hace buena pareja con la aventurina (*véase* más abajo) para atraer el dinero y la abundancia que deseas. El citrino te ayuda a encontrar claridad y confianza. Hace falta valor para hacer que las cosas vayan como quieres, y el citrino desprende una vibración que aumenta y mejora la autoestima. Utiliza una afirmación como esta: «Estoy seguro y tengo valor. Brillo con luz propia. La prosperidad abunda en mi vida. El bien se multiplica. Todo aquello que deseo, imagino y persigo con pasión se hace realidad».

La esmeralda es la variedad verde del berilo. Es una piedra de abundancia y riqueza extrema. Utiliza esta piedra preciosa para concentrarte en el bienestar y en todo lo que es bueno. Con la salud y la vitalidad intactas, utiliza esta piedra para atraer el éxito económico a través de tus acciones concentradas. Confía en que puedes tener éxito y prosperidad de una forma armoniosa y sana. Simplemente, activa tu emprendedor interior mediante el estudio concentrado. Utiliza los conocimientos adquiridos para alcanzar tus objetivos. Algunos pensamientos positivos para tener en presencia de la esmeralda son: «Tengo éxito en todas mis aventuras». «Mis acciones tienen resultados beneficiosos para todos». «Tengo un don excelente para los negocios». «Gano un salario ilimitado haciendo lo que me gusta».

La aventurina te ayuda mantenerte centrado en comer bien y hacer ejercicio de forma regular para mantener un corazón sano. A otro nivel, es una piedra de la prosperidad. Lleva una en la billetera, el bolsillo o en la caja registradora para seguir atrayendo las recompensas físicas que vienen con el éxito económico. ¡Es casi como si tuvieras un trébol de cuatro hojas en el bolsillo! Sólo tienes que reconocer tu buena suerte. Concéntrate en tu abundancia, y atraerás más. Cree que todo tu viaje fluye con facilidad y providencia. Utiliza los siguientes pensamientos de forma repetitiva con una aventurina en la mano: «¡Soy tan afortunado! Mi vida está llena de bendiciones». «La abundancia y la prosperidad fluyen sin parar hacia mi vida».

El jade es el nombre que se da a dos minerales con dureza y apariencia similares. La jadeíta es la más apreciada y dura, mientras que la nefrita es más prolífica y blanda. Históricamente, el jade se ha asociado con la buena suerte y los resultados beneficiosos. Esta gema real data del año 3000 a. C. y en la antigua cultura china se utilizaba como símbolo de riqueza y un rango social alto. El jade te recuerda que tienes que pensar de forma positiva y centrarte en los resultados buenos. También ayuda a visualizar ideas y resultados beneficiosos. Repite estos pensamientos con un jade en la mano: «Estoy sano, feliz y próspero». «Soy extremadamente afortunado».

Energía vital

La energía que vibra en el primer chakra, o la ausencia de la misma, regula tu salud y tu pasión por la vida. ¿Tienes mucha energía o estás siempre cansado? Para restaurar tu fuerza vital quizá necesites descansar más y alimentarte mejor. ¿Eres activo o procrastinas? Si ves que eres incapaz de reunir la energía suficiente para hacer las cosas, ha llegado la hora de encender un fuego debajo de tu primer chakra y ponerte en marcha. Tu desmotivación, holgazanería o procrastinación podrían nacer de una depresión o una nutrición poco adecuada. Las piedras rojas son la solución cuando necesitas más energía vital. Aquí tienes unas cuantas para que te ayuden a lo largo del viaje:

El granate es una piedra para activar la pasión por vivir. Te mantiene concentrado en tu poder creativo. Como portadora de la vibración de la pasión y la determinación, esta gema te ayuda a perseguir tus objetivos. Utilízala cuando necesites dejar de procrastinar y motivarte. El granate es una buena piedra para trabajar con ella cuando estés en pleno proceso de manifestación. Te ayuda a hacerte cargo de una situación y provocar acciones. Cuando quiero que pasen cosas, suelo recurrir a estas afirmaciones: «Tengo energía rebosante y puedo compartirla». «¡Soy vital y fuerte! Tengo una vida plena y apasionante». «Soy decidido».

El jaspe rojo te ayuda a poner fin a la procrastinación. Utilízala cuando tengas una tarea que requiere concentración y resistencia mental para poder completarla con éxito. Es la piedra de la diligencia. Utilízala para mantener una acción estable para alcanzar cualquier objetivo. Reactiva tu pasión por la vida cuando te sientes apático, sin emociones o vacío espiritualmente.

Esta piedra es útil para restaurar, regenerar y rejuvenecer la pasión y la lívido. Como piedra de fertilidad, ayuda a un embarazo y a un parto sanos. Con un poco de jaspe rojo en la mano, piensa o recita estos pensamientos: «Estoy anclado y centrado en la tarea que me ocupa». «Completo los proyectos». «Estoy motivado para conseguir todo lo que tiene que hacerse».

La piedra del Sol es un cristal de creación humana que contiene cobre cristalizado. El hecho de que no sea natural no le quita valor. Te ayuda a concentrarte en pensamientos felices. Es una piedra beneficiosa que contiene las buenas vibraciones del bienestar y la alegría. Cuando se utiliza con una intención consciente, puede aumentar la seguridad en uno mismo y la autoestima. Los brillos que desprende te ayudan a recordar lo magnífico que eres y te animan a brillar con luz propia y confianza. Afirma: «Soy abundante». «¡Soy un manifestante increíble! Tengo energía de sobras para hacerlo todo». «Tengo lo que necesito».

El rubí es la variedad roja (desde el rojo anaranjado al rojo morado) de la familia del corindón, que es un óxido de aluminio. El rubí, utilizado con una intención consciente, aumenta tu pasión por la vida. Esta gema brillante es una herramienta motivacional para ayudarte a completar tareas. Lleva uno en una joya o sencillamente encima si has estado procrastinando. Utilízalo para irte haciendo a la idea de que ha llegado el momento de avanzar y actuar. Si quieres un poco más de movimiento vital, aférrate a un rubí y di: «La fuerza vital fluye de forma vibrante por mí». «Estoy fuerte y sano». «Me motivo para ser productivo».

Concentración

Si notas que estás un poco despistado o perdido en tus pensamientos y acciones, y no te puedes concentrar, visualiza raíces que nacen de las plantas de tus pies y se hunden en la Tierra, anclándote. Imagina que estás introduciendo la conciencia de la Tierra por todo tu ser. Estar anclado, concentrado y próspero es el resultado de un chakra raíz equilibrado. Imagina que estás reconectando con la Tierra mientras sujetas piedras negras o marrones con la clara intención de mantener la atención y la concentración. Establece una intención fuerte mientras incorporas estas gemas a tu vida.

La andalucita, también conocida como quiastolita, tiene una cruz negra en el centro. Te ayuda a alinearte con la espiritualidad terrenal. Los elementos ancladores de la andalucita te ayudan a mantener la atención. Es especialmente útil cuando te cuesta mantenerte concentrado en una tarea. Es la piedra para aquellos que saltan de una gran idea a otra, pero parece que no pueden terminar ninguna. Concéntrate en la cruz negra que atraviesa la piedra para focalizar, y piensa esto: «Estoy anclado. Las energías protectoras me mantienen siempre a salvo».

El ágata marrón es la piedra perfecta para conectar con los espíritus elementales, las fuerzas naturales y el reino de las hadas; en otras palabras, con la Madre Naturaleza. Los espíritus vegetales y otros espíritus terrenales están alineados con esta piedra. Es fácil distraerse, salirse por la tangente y no culminar nunca nada, pero esta piedra te puede ayudar a mantener la concentración mientras da acceso también a la energía de la diversión, el juego y la creatividad. Utiliza los iones negativos de la naturaleza y sujeta una pieza de ágata marrón mientras recitas pensamientos positivos como estos: «Cuido de la Tierra». «Paso tiempo en la naturaleza». «Estoy alineado, centrado y anclado».

La galena es un sulfuro de plomo que te ayuda estar centrado para que puedas integrar material a tu conciencia de forma más sencilla, de manera que lo tengas disponible cuando lo necesites. Te ayuda a encontrar la base que necesitas para estabilizar tu vida, y lo que eso significa lo decides tú. Establece la intención de observar la capa plateada y utiliza estos pensamientos buenos: «Estoy anclado, centrado y conectado con el universo». «Trabajo en los proyectos que me ocupan». «Las situaciones desafiantes se transforman y el bien se revela».

El cuarzo ahumado ayuda a eliminar las dudas y las preocupaciones cuando te encuentras frente al caos y la confusión. Te ayuda a sentirte seguro y a salvo. Con tu intención focalizada, el cuarzo ahumado amplifica tu sensación de seguridad. Es también una excelente herramienta para realinear la energía esparcida y liberar pensamientos y sentimientos con una fuerte carga emocional. Cree en ti mismo cuando repitas estas afirmaciones: «Estoy protegido por lo divino». «Centro mis esfuerzos con facilidad, lejos de las distracciones». «Anclado honro mi conexión con la Madre Naturaleza».

Protección

La seguridad es otro de los factores que participan en la sensación de anclaje intenso. Mantener lejos la energía negativa es una manera lógica de mantener la seguridad. Sentirse seguro y protegido es un estado mental. Decide que estás seguro y toma decisiones inteligentes en tu vida. Dentro del reino de las gemas, las favoritas de siempre para bloquear la negatividad y promover las sensaciones de seguridad son las piedras negras y metálicas, como las que enumero a continuación:

La obsidiana es una piedra ancladora. Es beneficiosa para mantener una visión positiva al mantener los pensamientos negativos a raya. Este cristal volcánico negro te recuerda que puedes acudir a los demás para pedir ayuda, mientras dejas que tus sentimientos de pena sigan su curso, algo que puede llegar a ser muy complicado. Anclarte en importante para conseguir tus objetivos. Utiliza una de estas afirmaciones: «Estoy centrado». «Soy responsable». «No abandono los proyectos hasta que están completados». «Consigo todo aquello que me propongo». «Presto atención a lo que sucede a mi alrededor».

La turmalina negra ayuda a alejar pensamientos repetitivos y anticuados para que puedas alcanzar tus objetivos. Utilízala para protegerte de los efectos de los celos. También facilita el orden en medio del caos general. Focaliza tu atención en bloquear la negatividad y envuélvete con una amorosa capa de protección mientras afirmas: «Estoy sano y salvo». «Siempre estoy protegido por la divinidad». «Estoy envuelto en una esfera de bondad y bienestar». «Me rodeo de gente de confianza».

La hematita mejora la práctica de la meditación. Es famosa por promover la relajación del cuerpo, la mente y el alma. Elimina la energía descarriada de tu campo energético y repele los pensamientos negativos. Utilízala para transformar cualquier situación negativa de tu vida. Con una hematita en la mano, afianza tus raíces y repite estos pensamientos buenos: «Estoy en calma y en paz». «Mis raíces absorben bondad de la Tierra generosa y abundante, que me llena y me aporta serenidad».

La pirita ayuda a reforzar el valor y la confianza en uno mismo. Utilízala cuando necesites el valor para marcar límites y hacerte valer. Te ayuda a sentirte empoderado. La pirita es la piedra de la abundancia económica. Utilízala con intención cuando quieras mejorar tu situación económica. Realinea tus creencias repitiendo los siguientes pensamientos: «Soy próspero y abundante en todas las facetas de mi vida». «Aprovecho las numerosas oportunidades favorables que se me presentan».

PRÁCTICA

■ ■ ■ ■

Selecciona una piedra para una necesidad exacta del primer chakra

Escoger una piedra por un motivo del primer chakra es una forma maravillosa de perseguir un objetivo. Este breve ejercicio te ayudará a conectar con tu intuición para seleccionar una piedra y luego decidir cuál es la mejor forma de utilizarla en tu beneficio.

Coge papel y lápiz y siéntate en un lugar tranquilo. A continuación, ve tomando notas mientras reflexionas sobre estos pasos.

- Me gustaría utilizar una piedra para que me ayude a focalizarme en: _____
- Diría que mi uso de esta piedra cumple una de las siguientes necesidades:
- Prosperidad
- Energía vital
- Concentración
- Protección
- Revisa las piedras que hemos descrito en la categoría que has elegido. Escoge una de ellas y decide cómo vas a conseguirla. Cuando lo hayas hecho, completa el ejercicio con los dos pasos siguientes.
- Mi afirmación para esta piedra es la siguiente:

_____
_____
_____
_____

- Voy a utilizar la piedra de una forma en concreto. Las opciones son:
- Llevarla encima (decide cómo)
- Colocarla en un altar o en algún otro lugar sagrado
- Meditando con ella (decide con qué frecuencia y cómo)
- Utilizándola como una joya
- Durmiendo cerca de ella
- Otros: _____

_____

Puedes aplicar este ejercicio como quieras, utilizando varios puntos de atención y varias piedras.

Resumen

Los cristales, los minerales y las piedras son herramientas maravillosas para sanar los problemas relacionados con el primer chakra. Te ofrecen protección, liberan energía vital y facilitan atención para ayudarte a alcanzar tu máximo potencial.

11
Mantras de sanación

Tia Tuenge

Los mantras tienen la capacidad de transformar tu vida. ¿Conoces el proverbio «Cambia tu forma de pensar y cambiarás tu vida»? Para mí fue verdad. Hasta que tuve a mi hija viví la vida sin demasiada claridad ni dirección; era como si la vida fuera algo que sencillamente me estuviera pasando. Lo cierto es que no vivía desde el empoderamiento. Estaba a merced de mi mente, que no paraba de funcionar en bucles negativos. Y durante los primeros años de adulta, sufrí los típicos problemas del primer chakra: inseguridad económica, sentimientos de infravaloración, malas decisiones en el terreno de las relaciones, y más.

La llegada de mi hija puso un foco brillante en lo que no funcionaba en mi vida, y tomé la decisión de curar mis heridas de infancia y de implementar los cambios necesarios para ser mi mejor versión. Una de las herramientas que más impacto tuvo en mi transformación fueron los mantras de sanación. Mediante una práctica regular, me ayudaron a conseguir que mi mente me obedeciera, cambié mi forma de pensar y, al final, cambié mi vida. Los mantras también pueden ayudarte a ti.

En este capítulo, exploraremos qué son, por qué funcionan y cómo crear poderosos mantras que puedas utilizar pata enfocar tu mente, cambiar tu forma de pensar, equilibrar el chakra raíz y mejorar tu felicidad y bienestar generales.

¿Qué es un mantra?

La palabra *mantra* proviene del sánscrito védico y la describen como una palabra, un sonido o una frase sagrados: una expresión sagrada. *Man* significa «mente» o «pensar», y *tra* significa «herramienta». De modo que un mantra es una herramienta que se utiliza para guiar y focalizar la mente.

Existen distintas escuelas de pensamientos sobre si es mejor utilizar mantras tradicionales o mantras personales, también conocidos como afirmaciones. Hay quien cree que las afirmaciones no contienen beneficios y que únicamente las antiguas frases sagradas sánscritas son verdaderos mantras porque contienen frecuencias vibracionales especiales, y la energía y las intenciones de millones de personas que las han recitado durante milenios.

No obstante, y a partir de mi propia experiencia y del trabajo que realizo con mis clientes, sé que hay un gran poder en crear mantras personales que se enfocan en un sentimiento o resultado específico. Por lo tanto, además de comentar los mantras sánscritos tradicionales, en este capítulo exploraremos cómo crear mantras personales poderosos y diseñados para provocar una transformación significativa. En cuanto a cuál escoger (y puedes probar ambos), hay tantos mantras como personas; sólo tú decides qué encaja contigo, basándote en el objetivo que persigues. Sea cual sea tu elección, la repetición es la clave.

Los mantras y el poder de los pensamientos

La mente humana es una máquina de pensar. Tenemos millones de pensamientos aleatorios cada día, pensamientos sin un foco o una guía intencionados y, sorprendentemente, cuando nos detenemos a observarlos, solemos descubrir que la mayoría son negativos. Quizá estamos preocupados por el futuro, o nos arrepentimos de algo del pasado, o nos castigamos por esto o por aquello. Todos estamos familiarizados con esa vocecita en nuestras cabezas que nos dice que no somos suficiente, que no sabemos lo suficiente, que no *lo que sea*. La buena noticia es que existe una manera de silenciar esa voz y focalizar la mente en lo que escojamos y, al hacerlo, vamos a conseguir transformar nuestras vidas como deseemos.

Los patrones de pensamiento se forman a partir de las experiencias vitales, y están influidos por la familia de origen, los compañeros, la cultura y la sociedad en la que vivimos. Cada pensamiento que tienes refuerza el «sistema de circuitos» de tu cerebro, conocido como las vías neuronales, reforzando uno ya existente o creando uno nuevo. Imagina las vías neuronales como marcas de neumáticos en un camino de tierra por donde vas conduciendo: cuando sigues una de esas marcas, cuesta salir, pero, cuando lo haces, puedes empezar a crear nuevas marcas y abrir caminos nuevos y, al final, el camino viejo y en desuso acabará desapareciendo.

La ciencia cerebral moderna ha demostrado que el cerebro es maleable, que tiene plasticidad neuronal y que tenemos la capacidad de renovarlo a cualquier edad. Podemos utilizar mantras para crear nuevas marcas en el camino y, a través de la repetición, los antiguos y dominantes caminos neuronales desaparecerán. Este cambio físico en nuestro cerebro mejora nuestro bienestar general, el ánimo y el nivel energético, relaja la ansiedad e incluso refuerza la memoria.

PRÁCTICA

■ ■ ■ ■

Crear un mantra, paso 1:
El registro de pensamientos aleatorios

Antes de decidir qué mantra es el mejor para equilibrar tu primer chakra, es muy útil entender tus patrones de pensamiento. Te recomiendo que te tomes unos días para familiarizarte con ellos utilizando lo que yo llamo un Registro de Pensamientos Aleatorio (RPA), que es una herramienta sencilla y eficaz que creé, para utilizarla yo misma y con mis clientes.

Establece ahora mismo la intención de hacer pausas durante el día, de darte cuenta de en qué estabas pensando, y anotarlo en la aplicación de notas del móvil, en una libreta o en un diario. Esto será tu RPA. Intenta programarte una alarma cada hora, y cuando suene:

- Escribe lo que estabas pensando.
- Programa la alarma para dentro de una hora.

Es así de sencillo. Repite estos pasos tres o cuatro veces al día durante dos o cuatro días.

Esta acción no debería tomarte más de treinta segundos. A medida que vayas registrando tus pensamientos, empezarás a ver patrones en tus pensamientos habituales. Al cabo de unos días, revisa tus notas y localiza los patrones relacionados con el primer chakra. ¿Estás preocupado por el futuro? ¿O por si estarás seguro? ¿Te repites continuamente que nunca tendrás la energía para poner en práctica las acciones que necesitas para mejorar tu vida? Descubras lo que descubras, no te critiques por esos pensamientos; de momento, sólo estás buscando patrones.

PRÁCTICA

Crear un mantra, paso 2: Modificar un patrón de pensamiento

Este segundo paso consiste en escoger el patrón de pensamiento que quieras cambiar y crear un mantra para transformarlo. Primero, escribe el patrón de pensamiento negativo que has identificado. A continuación, escribe una breve frase positiva en presente para contrarrestar ese pensamiento.

Por ejemplo, a mí a veces me cuesta poner un precio justo al trabajo que hago. Mis pensamientos aleatorios son del tipo: «Quizá no querían pagarme tanto dinero, pero debería haber mantenido el precio del servicio. ¿Por qué me he sentido obligada a ofrecer un descuento tan grande?». Mi mente conoce perfectamente mi valor, pero todavía hay una parte de mí que no cree que yo lo valga (algo, por cierto, que es una creencia subconsciente muy común entre las mujeres). Éstos son los dos mantras que he creado para contrarrestar este pensamiento negativo:

Me encanta hacer mi trabajo y recibo abundantes recompensas creativas y económicas.

Tengo éxito haciendo lo que me gusta.

Utiliza este ejemplo para generar tu propio proceso en dos pasos de crear un mantra personal afirmativo, que sea sencillo. Y repítelo de forma constante durante el día, sobre todo cuando percibas que tu mente se desvía hacia el patrón negativo habitual.

PRÁCTICA

Trabajar con un mantra sánscrito tradicional

La longevidad de esta práctica habla de su impacto perdurable. Tradicionalmente, el *Lam* es el mantra para el chakra raíz. Es un mantra *bija* (semilla), y su frecuencia pertenece a un chakra raíz óptimamente sano. Cuando este centro energético se desequilibra, puede provocar mucha ansiedad. A través de la ley de sincronización, cuando cantamos *Lam*, devolvemos el chakra raíz a un estado de homeostasis, reduciendo la ansiedad provocada por unas emociones del chakra raíz desequilibrado. Es mejor practicar este mantra en voz alta, pensando *Lam* cuando inhalas por la nariz y cantando *Lam* cuando exhalas. También es un mantra perfecto para la meditación *japa*, de la que hablaremos más adelante.

Otro mantra sánscrito muy poderoso es *Om Namah Shivaya*. Significa: «Me inclino ante Shiva», o el ser interno. Se suele decir que cantar este mantra es un camino para conocer y entender tu yo más interno. Cantar *Om Namah Shivaya* mientras meditas puede generar una poderosa sensación de pertenencia y bienestar, contrarrestando sensaciones del primer chakra de indignidad y ausencia de seguridad. Cuando conseguimos realmente conocernos, podemos entender nuestra naturaleza cósmica y nuestra conexión con todo lo que existe y estar absolutamente seguros de que encajamos.

Más prácticas para disfrutar de los mantras

Hay muchas otras formas de utilizar los mantras: la meditación, el canto y llevar un diario personal, entre otras. A continuación, describiré unas cuantas más que puedes mezclar en tus estrategias terreno-estelares.

La meditación

La meditación es una práctica muy poderosa que, según numerosos estudios, puede literalmente transformar el cerebro. Si ya tienes una práctica de meditación, puedes incorporar un mantra y repetirlo en tu cabeza o en voz alta. Si de momento no tienes ninguna práctica de meditación, ¿por qué no lo intentas? Muchas personas creen que tienes que pasarte horas sentado para recibir los beneficios de la meditación, pero la realidad es que puedes empezar con tres minutos e incorporar un mantra que te ayude a centrar la mente.

Siéntate en una postura cómoda en el suelo, en una silla o un sofá. Mantén la espalda erguida. Si quieres, programa un temporizador. Para relajarte y empezar a estar presente, respira hondo varias veces, inhalando por la nariz y expirando por la boca. Cierra los ojos o, si lo prefieres, déjalos ligeramente abiertos. Vuelve a recuperar tu ritmo de respiración normal y empieza a repetir el mantra, ya sea en silencio o en voz alta. Cuando tu mente se desvíe, y lo hará, no lo veas como un problema; sencillamente, regresa al mantra.

Cuando hayas acabado, observa cómo te sientes. Si puedes cultivar el hábito de meditar a diario con el mantra como herramienta para centrar tu atención, te garantizo que notarás los beneficios.

Cantar

Cantar es otro de los métodos que puedes utilizar con tu mantra. La meditación *japa,* que consiste en meditar con la ayuda de un collar conocido como el *japa mala,* que tiene 108 cuentas (también conocidas como «cuentas de meditación»), es una manera preciosa de cantar un mantra. Hay una gran variedad de japa malas disponibles, en varios materiales y colores; busca uno que te traiga. Puedes utilizar cualquier mantra que te guste, pero te recomiendo iniciar la práctica con *Lam*, el *mantra bija* para el chakra raíz.

Para la meditación *japa,* siéntate en una posición cómoda, sujeta el japa mala con la mano derecha, entre los dedos pulgar e índice, mientras recoges el anular, corazón y meñique en la palma de la mano. Fíjate que una de las cuentas tiene una forma distinta a las demás, o puede que incluya una borla; es la cuenta gurú y señala en principio y el final de las 108 cuentas. *Envuelve el japa alrededor* del dedo corazón y coloca el pulgar encima de la cuenta gurú. Utiliza el pulgar para tirar ligeramente hacia a ti las cuentas mientras repites el mantra, uno por cuenta.

Utilizar el japa mala en tus meditaciones tiene varios beneficios:

- Aumenta la concentración, pues es una herramienta eficaz y práctica para contar los mantras y es una forma fácil de llevar la cuenta de las veces que lo has recitado.
- El contacto físico con las cuentas de meditación transmite sus inherentes poderes sanadores.
- Cuando el japa mala está impregnado con la intención de tu mantra, puedes utilizarlo como piedra angular durante tu jornada, para ayudarte a mantener el mantra y tu conciencia.

Kirtan

Una forma mágica de experimentar los mantras es mediante el kirtan, una práctica tradicional que consiste en el cantar repetidamente mantras sánscritos. Normalmente, es más habitual como práctica hacerla en grupo que individualmente. En general, se realiza en grupo, donde una persona canta el mantra y el grupo lo repite. Durante esta práctica, sólo se utilizan mantras sánscritos tradicionales. Muchos estudios de yoga ofrecen prácticas de kirtan, pero también puedes encontrarlo *online* y practicarlos en la intimidad de tu casa. Es una práctica inspiradora y merece mucho la pena probarla si quieres impregnar tu primer chakra (y todos los demás) con una sensación de bienestar.

Un diario personal

Llevar un diario personal es otra forma de trabajar con tu mantra, como una especie de meditación escrita. Sencillamente, escribe en el diario o la libreta el mantra que has creado en los dos pasos descritos al principio de este capítulo. Escríbelo una y otra vez, mientras lo repites en tu mente. Puedes hacerlo durante un tiempo determinado o durante el tiempo que a ti te parezca. Cuando termines, puedes seguir realizando varios minutos de diario consciente, escribiendo todo aquello que se te pase por la cabeza sin darle más vueltas. Esta práctica puede resultar muy informativa, y que, además, realizada durante un período de tiempo, puede revelar creencias subconscientes ocultas que se originan en el primer chakra.

Resumen

Incorporar mantras a tu vida diaria puede generar grandes recompensas, como una mayor autoconciencia, una reducción del estrés, una mayor sensación de calma y bienestar, más compasión hacia ti mismo y una visión más positiva en general; todo ello supone una sanación maravillosa para el primer chakra. Personaliza tu práctica adoptando varios de estos métodos para descubrir cuáles te funcionan. Decidas lo que decidas, no me cabe duda de que descubrirás que la práctica de cultivar un mantra es transformadora.

12
Colores y formas

Gina Nicole

Entre todas las muchas y maravillosas maneras de activar y armonizar el primer chakra y expandirte de forma natural hacia una vida óptima, dos de mis favoritas es utilizar formas y dibujar con un amplio abanico de colores. Este capítulo te aportará inspiración para explorar por ti mismo estas poderosas técnicas de sanación energética para disfrutar de un primer chakra fuerte y equilibrado.

Como experta en medicina de energías sutiles, mi pasión es empoderar a las personas como tú a darse cuenta de todo su potencial, asumiendo el control de sus energías sutiles y personificar aquello en lo que estaba destinado a convertirse. Mi viaje empezó con el *feng shui,* utilizando el arte de ubicar objetos en casa y en la oficina para mover las energías. Ahí fue cuando empecé a aprender cómo las formas y los colores me ayudaban a transmutar la energía que me rodeaba.

A los veintipocos, pasé por un momento muy bajo de la vida, donde mi cuerpo experimentó tanto dolor que me pasaba horas enteras despierta por la noche. Estaba inflamada de ira y tenía sobrepeso y, para ser honesta, nada fluía, ni siquiera mi intestino.

Nada de lo que probé (médicos, meditaciones, artes sanadoras) me ofreció la inyección de energía que tanto necesitaba. Y, aunque en aquel momento fui incapaz de localizar la fuente, mi primer chakra era un timón que me llevaba directamente hacia el embarrancamiento, y estaba desesperada por encontrar una solución.

Empecé a realizar cambios en mi casa que fueron más allá del *feng shui,* manipulando colores y formas en mi entorno de distintas formas.

Mi sanación llegó de repente. Mi cuerpo empezó a liberar peso, volvía a tener energía, mi sistema digestivo recuperó su funcionamiento regular y mi vida amorosa se abrió después de un divorcio muy doloroso.

Aprendí de primera mano que lo que ves por fuera se refleja en tu estado interior. No tienes que ser un experto en artes sanadoras para entenderlo. Sólo necesitas ser consciente del concepto.

Trabajar con formas

Hay siete formas principales que he descubierto que son útiles para ayudar al primer chakra a diario.

El círculo

Beneficios: Límites para ayudarte a sentirte seguro, apoyado y confiado en tu intuición; está asociado con el elemento metal: protección, eficacia, concentración y salud.

Visualmente: Imagina un huevo, donde las cosas se crean y se nutren. Se puede colocar alrededor de cualquier persona, lugar o cosa, para lograr una sensación de confianza y seguridad.

Cualidades cuando se utiliza en exceso: Demasiado precavido, desconfiado.

La cruz

Beneficios: Nutriente; representa el hombre y las relaciones arquetípicas; fe y confianza.

Visualmente: La X marca el lugar; confía en que te estás guiando de forma intuitiva hacia tus tesoros personales.

Cualidades cuando se utiliza en exceso: Culpa, victimización.

Rectángulo

Beneficios: Calidad física, seguridad y estabilidad; cuando no te sientas seguro, utiliza rectángulos para activar una mayor solidez y seguridad; está asociado con el elemento madera: el crecimiento, la expansión, la vitalidad y el movimiento.

Visualmente: Imagina una puerta por la que pasas.

Cualidades cuando se utiliza en exceso: ira, resistencia, estancamiento.

Espiral

Beneficios: Liberación; simboliza el crecimiento; activa cualquier componente clave del primer chakra; una mayor intuición, confianza o sensación de seguridad; asociado con elemento agua: abundancia, prosperidad y fluir.

Visualmente: Un camino a lo divino; el viaje desde el ego externo al alma intuitiva interna.

Cualidades cuando se utiliza en exceso: Ausencia de anclaje.

Cuadrado

Beneficios: Representa el cuerpo físico y la conciencia terrenal; promueve la estabilidad, la cualidad física y la seguridad; asociado con el elemento tierra: estar seguro sobre la Tierra, anclado.

Visualmente: Un bloque sólido de seguridad.

Cualidades cuando se utiliza en exceso: Victimismo y discordancia en la sangre, los huesos, el desinterés y los intestinos.

Triángulo

Beneficios: El símbolo tradicional del primer chakra es un triángulo invertido, un símbolo alquímico de la tierra, que actúa como señal para anclar energía; un símbolo de suerte; puede armonizar el primer chakra con la prosperidad y la manifestación del dinero; desata la pasión y la acción hacia aquello para lo que naciste; asociado con el elemento fuego: una energía creativa, pasión, brillantez y fama intensas.

Visualmente: Una pirámide, una de las bases y formas más robustas que existen.

Cualidades cuando se utiliza en exceso: Inflamación, desgaste, agotamiento.

Formas onduladas

Beneficios: Prosperidad y energía económica; asociadas con el elemento agua: abundancia. Riqueza, movimiento, limpieza y purificación.

Visualmente: Olas del océano que siempre bajan y fluyen.

Cualidades cuando se utiliza en exceso: Un estado excesivamente emocional y no estar anclado en tu auténtico ser.

A continuación, te dejo dos prácticas diseñadas para utilizar las formas para ayudar a tu primer chakra. Puedes empezar por aquí. Pero también puedes trabajar con las formas como a ti te vaya bien.

Juega con el simbolismo y prueba distintas combinaciones para ver cómo te funcionan.

PRÁCTICA

Armonizar con la energía «ancladora»

Puedes realizar esta práctica durante un ritual, una meditación, un ejercicio de respiración o justo antes de calzarte por la mañana. Con el dedo anular (el dedo asociado al primer chakra), dibuja un cuadrado en cada planta de los pies para garantizar los beneficios de la forma. Mientras lo dibujas, siente, percibe, conoce y visualiza el resultado de lo que quieres con el ojo de tu mente. De forma simultánea, recita una afirmación en tiempo presente para ayudarte a materializar la intención, como:

> «Estoy a salvo en mi ser y seguro en mi conocimiento, y me resulta fácil confiar».

Explora formas e intenciones distintas, cambiando la intención anterior para encajar con las características de la forma y tu deseo.

PRÁCTICA

Activar la prosperidad y la abundancia

Puedes utilizar esta forma para activar la prosperidad. Hay varias maneras de hacerlo, desde una acción tan sencilla como colocar un triángulo en una chequera hasta guardar las monedas en un recipiente triangular y decir «gracias» cada vez que dejas una nueva moneda. O incluso escribir una lista de todos los ingresos en una hoja de papel, dibujar un triángulo encima y afirmar en voz alta:

«Soy próspero. El dinero y los recursos me encuentran y me bendicen».

Trabajar con colores

También puedes activar y armonizar tu primer chakra utilizando el color. A pesar de que el primer chakra está asociado con los colores rojo y negro, puedes jugar con la paleta entera de colores y observar cómo los otros colores interactúan con el primer chakra.

Vamos a fijarnos en las energías sutiles de los doce colores que considero útiles para ayudar al primer chakra. A medida que vayas leyendo sobre cada color, presta atención a sus beneficios y reflexiona sobre cómo podrías incorporar sus propiedades curativas.

Rojo

Beneficios: Sana las heridas, alinea la médula espinal, ancla la energía, activa el valor, empodera la intuición, mata los virus y los microbios, activa el flujo de dinero y la pasión, promueve la seguridad física.

Consecuencias del uso excesivo: Inflama las enfermedades autoinmunes (es mejor no utilizarlo en caso de presencia de dichas enfermedades), estado de emergencia, inflamación en la zona genital.

Afirmación: «Veo cómo la prosperidad se extiende con su rojo empoderador».

Rosa

Beneficios: Crea un espacio seguro para el amor, ancla las manifestaciones terrenales, rojo (espiritual) + blanco (poder) = fuerza espiritual y poder intuitivo.

Consecuencias del uso excesivo: Ausencia de seguridad y confianza en uno mismo.

Afirmación: «Este color rosa materializa lo que pienso».

Naranja

Beneficios: Estimula la confianza, la alegría, la seguridad en uno mismo; empodera; apoya la sensación de confiar cuando los sentimientos de seguridad están vinculados a las emociones; rojo (confianza espiritual) + amarillo (alegría y estima) = ayuda a anclar para vivir intuitivamente de forma divertida.

Consecuencias del uso excesivo: Las emociones provocan una sensación de vulnerabilidad y poca confianza.

Afirmación: «El naranja me aporta la confianza para confiar en mí mismo y vivir de forma intuitiva».

Amarillo

Beneficios: Promueve la estructura, incentiva la autoestima, armoniza para confiar y personificar tu poder personal.

Consecuencias del uso excesivo: Desconfianza y miedo, ira.

Afirmación: «El amarillo me regala autoestima para perseguir y confían en mi sueño».

Verde

Beneficios: Calma la energía; sana y promueve el autocuidado; ayuda a sanar los aspectos físicos conectados con el primer chakra (desequilibrios en los genitales, el coxis, las glándulas suprarrenales, la pelvis, el ano, el intestino grueso, la próstata, los pies, las piernas, los movimientos intestinales, las últimas tres vértebras).

Consecuencias del uso excesivo: Demasiada precaución.

Afirmación: «El verde se revela; el desequilibrio se sana».

Azul

Beneficios: Promueve una sensación de seguridad cuando comunicas la verdad, te ayuda a compartir la verdad de quién viniste a ser en esta Tierra.

Consecuencias del uso excesivo: Sobrestimulación, compartir en exceso, hostilidad.

Afirmación: «Comparto con seguridad mi verdadero mensaje con este color azul».

Violeta

Beneficios: Azul (comunicación y compartir) + rojo (poder y anclaje) = confianza en ti mismo para lo que intuyes y comunicas.

Consecuencias del uso excesivo: Poca practicidad, arrogancia.

Afirmación: «Este violeta armoniza mi intuición y confianza para seguir mi misión».

Blanco

Beneficios: El reconocimiento del potencial reside en el primer chakra, y el color blanco activa el propósito divino; te ayuda a armonizar con la versión más auténtica de tu ser.

Consecuencias del uso excesivo: Aislamiento.

Afirmación: «Este color blanco del alma me conecta con mi luz divina».

Marrón

Beneficios: Nutre tu sitio en la Tierra; es un color que conforta y promueve la seguridad, la calidez y la comodidad; te ancla a la naturaleza; te bendice con un sentido de «llegar a casa».

Consecuencias del uso excesivo: Sentirte apagado, pesado.

Afirmación: «Esta tierra de color marrón me armoniza con el suelo de la naturaleza».

Negro

Beneficios: A pesar de que el negro que observo, para identificar un desequilibrio en el campo energético de mis clientes, también ayuda a absorber lo que no funciona; libera la desconfianza (específicamente asociada con la existencia terrenalmente física); las piedras sanadoras negras (ónix, obsidiana, hematita) protegen de la energía negativa.

Consecuencias del uso excesivo: Esconder; demasiadas sombras.

Afirmación: «Todo desequilibrio es absorbido por el negro; siento confianza y vuelvo a tener seguridad».

Plata

Beneficios: Protege y desvía; expande y activa y sensación de seguridad más fuerte; intuición robusta; confianza creciente; apoya la eliminación física.

Consecuencias del uso excesivo: Refleja la negatividad hacia el colectivo de forma inintencionada; indecisión.

Afirmación: «Abrazo este brillo plateado para amplificar la verdad de lo que es mío».

Oro

Beneficios: Armoniza tu propiocepción, ayuda a alinearte con la prosperidad substancial y la energía de la abundancia.

Consecuencias del uso excesivo: Desconfianza; egoísmo.

Afirmación: «Elimina y limpia lo antiguo y amplifica con oro».

El color es una forma divertida y juguetona de trabajar con la energía. ¡Puedes utilizarlo solo o combinándolo con las formas! A continuación, te dejo dos prácticas para utilizar el color para activar y armonizar tu primer chakra.

PRÁCTICA

Anclaje con el rojo y el marrón

Una manera sencilla de utilizar el rojo para alinearte con la energía ancladora del primer chakra es ponerte ropa y accesorios rojos. Es un color vibrante y apasionado. Cuando siento la necesidad de anclarme, tengo un ritual: me pongo mis *leggins* rojos preferidos y barro el suelo marrón de mi casa mientras me imagino una luz roja reflejándose en él y permito que los pies descalzos conecten con el suelo; cuando acabo, me pongo calcetines rojos. Siempre digo y afirmo lo siguiente:

«Veo cómo la prosperidad se extiende
con este rojo empoderador.
Este color marrón terrenal
me conecta con la tierra natural».

¿Qué ritual puedes crear para ti mismo utilizando el rojo y el marrón?

PRÁCTICA

▄▄ ▄▄ ▄▄

Activar la prosperidad con el color

De la lista de colores de arriba, escoge uno que encaje con una intención de prosperidad que tengas. Busca un bolígrafo, un trozo de papel, una piedra o quizá una vela de ese color. Después, escribe tus intenciones económicas como si ya fueran reales, utilizando el tiempo presente y palabras afirmativas. Mientras escribes, deja que una sensación de materialización de los deseos invada tu cuerpo. Por ejemplo, si estás preparado para compartir un mensaje y que te paguen por dar una conferencia o escribir, utiliza un bolígrafo azul y ciérralo en un sobre rojo. Cuando lo cierres, visualiza el éxito y, en silencio o en voz alta, di:

«Veo cómo la prosperidad se extiende
con este rojo empoderador».

Coloca el sobre en un altar, donde puedas verlo y recordar tu intención.

Incorporar las formas y los colores
a nuestra vida diaria

Puedes armonizar el primer chakra de muchas maneras; sólo tienes que hacer lo que a ti te siente bien. Puedes visualizar, percibir o atraer cualquier forma o color para envolver la zona del coxis. Por ejemplo, si quieres activar la sensación de seguridad y confianza, visualiza el rojo en esa zona. Para percibir una sensación de seguridad cuando desarrolles dones psíquicos, visualiza un huevo violeta alrededor de la zona. O si no eres un visualizador natural, siente o escucha la resonancia de la forma o el color. ¡Funciona igual de bien!

Puedes colocar formas y colores en altares en tu casa, como recordatorios decorativos de lo que quieres en la vida. Por ejemplo, para activar la energía del primer chakra y sentirme segura cuando desarrollo mi intuición, coloco una piedra espiral (crecimiento) violeta (conciencia psíquica) en un altar para establecer la intención de crecer mis dones espirituales.

Resumen

Tómate el tiempo para jugar con las formas y los colores. ¡Utiliza tu intuición y diviértete con ellos! Si te acercas a ellos con optimismo y curiosidad, podrás crear tus propios remedios curativos, que serán muy poderosos y exclusivamente tuyos.

13
Recetas

Y ahora llegamos a uno de los métodos más increíbles, y sabrosos, de este libro: cocinar (y comerte) el primer chakra.

La nutrición por el chakra es algo que se ha disfrutado en todo el mundo. Cada chakra recibe la energía y el apoyo que mejor le sienta a través de sustancias que encajan con sus funciones y con las frecuencias en las que opera.

Este capítulo ofrece recetas de dos expertos en chakras. En la parte 1 aprenderemos las recetas del veterano defensor de la salud y el bienestar Anthony J. W. Benson. Lleva más de treinta años siguiendo una dieta basada en los vegetales, ha publicado libros de cocina vegana, y le encanta inventar recetas deliciosas y sanas. No tienes que ser vegetariano o vegano para disfrutar de sus creaciones, sirve con que seas amante de la comida deliciosa. Por si no conoces la diferencia, el veganismo es la práctica de comer alimentos que no proceden de un origen animal, incluyendo la mantequilla, la leche o los huevos. El vegetarianismo es similar; se basa en una alimentación básicamente centrada en cereales, frutos secos, fruta y verdura, pero también puede incluir lácteos y huevos. Aunque comas lácteos, algas o carne, disfrutarás con estas deliciosas recetas veganas que están repletas de ingredientes saludables y que llenarán de energía tu chakra terreno-estelar.

En la parte 2 descubrirás recetas de la reconocida chef Susan Weis-Bohlen, que son de naturaleza ayurvédica. Este ancestral sistema culinario indio contempla la comida desde la perspectiva del equilibrio. Susan te ofrecerá una breve explicación de esta ciencia de la salud y compartirá recetas que se pueden suplementar con algas, carne o cualquier otro tipo de proteína. Las recetas ayurvédicas suelen incluir alimentos como los lácteos.

¡A cocinar!

Parte 1

Anthony J. W. Benson

Quizá alguna vez has escuchado la frase: «Todo es energía». ¿Qué me dices de la comida que comemos? La comida es la principal fuente de nutrientes que nos dan energía. Es el combustible que nos mantiene vivos. Cuanto mejor es el combustible, mejor rendiremos.

No siempre vi la comida como un componente sanador y nutriente de mi vida. De pequeño, y hasta los primeros años de la edad adulta, el sustento nunca fue una conexión mente-cuerpo. Comía porque tenía hambre, o porque mi madre me obligaba, o porque aquella barrita de cereales estaba taaan buena. Nunca me paré a pensar qué consecuencias tenía para mi cuerpo lo que comía, y mucho menos cómo interactuaba con mis centros energéticos. (¿Chakras? ¿Qué demonios es eso?).

Me crie con una dieta típica estadounidense basada en grandes cantidades de alimentos procesados. Mi visión de la comida era bastante imitada: un desayuno cargado de grasas y azúcares, una gran variedad de la combinación de carne y patatas, y grandes cantidades de comida rápida. Llenaba mi cuerpo de hamburguesas, salchichas, refrescos, tartaletas… Bueno, ya te haces una idea. Como consecuencia, mi peso fluctuaba, igual que mi salud. No fue hasta los veintipico, cuando tuve que hacer frente a episodios hipoglucémicos y problemas de salud, que me paré a reflexionar sobre mis hábitos alimentarios y empecé a escoger opciones distintas.

En busca de respuestas y ayuda, leí la obra trascendental de John Robbins, *Diet for a New America*. Fue muy revelador, me cambió la vida. Aprendí cómo nuestras decisiones alimentarias individuales y colectivas impactan no sólo a nuestros cuerpos, sino al mundo entero.

Convencido de que ese camino basado en los vegetales era para mí, escogí un nuevo camino de salud y felicidad. Leí innumerables libros y fui aprendiendo todo lo que pude de ellos. Al final, llegué a un momento personal de claridad: qué y cómo comía tenía un efecto enorme en mi mente y en mi cuerpo, así como unas consecuencias globales tremendas.

Cuando introduje cambios significantes en mis hábitos alimentarios y los uní a las creencias que acababa de descubrir, perdí peso, eliminé mis comas alimentarios y vi como mi energía y mi bienestar general aumentaban. Me estaba volviendo *sano*.

Culminé una dieta completamente vegetal en 1985 y la he seguido hasta día de hoy. Desde entonces, y como vegano, he ido aprendiendo sobre distintos alimentos y he ampliado mis opciones culinarias. Mucha gente, entonces y sorprendentemente todavía ahora, me preguntaban qué encontraba para comer. Creían que mis opciones eran muy limitadas. Y nada más lejos de la realidad: mis opciones se multiplicaron. Hola, amaranto, quinoa, jícama, seitán, árbol de yaca, bayas de goji, ¡y más!

Descubrir nuevas plantas, cereales y frutas me daba placer a la vista y al estómago, y acabó siendo curativo; y encajaba con mi pasión por la cocina, por desarrollar sabores y crear recetas sabrosas y saludables.

¿Cómo conecta esto con los chakras? Los chakras son el núcleo vibracional de nuestros cuerpos. ¿Acaso no tiene sentido ser considerado y tomar decisiones conscientes sobre cómo les afecta la comida y, en definitiva, a nosotros en conjunto? Es esencial recordar que los chakras son puntos energéticos en remolino y concentrados en nuestro interior; cuando están sanos, la energía vital fluye a través de ellos libremente.

En este libro, nos estamos concentrando en el primer chakra, en la raíz de nuestro cuerpo. Aquí es donde reside nuestra sensación de seguridad. Gira todo alrededor de la estabilidad, la confianza, la supervivencia, el equilibrio y la seguridad.

Cuando el chakra raíz está equilibrado, nos sentimos anclados, fuertes y seguros. Por el contrario, si este chakra está bloqueado, podemos sentirnos emocionalmente sobrecargados o sin energía vital.

Un chakra raíz sano vibra con el color rojo. Por lo tanto, los alimentos rojos, como las fresas, las manzanas, los tomates, las granadas, las remolachas, los pimientos rojos y las cerezas nos aportan la vibración que necesitamos para ayudar a equilibrar este chakra. Los vegetales sanos y nutritivos para el primer chakra incluyen las zanahorias, los nabos, los ajos, las chirivías, las cebollas, los colinabos, los boniatos, el jengibre y la cúrcuma.

Yo quiero vivir una vida larga y saludable, y estoy convencido de que tú también. Estoy comprometido con ser consciente de mis decisiones, de forma que me alimento como si me fuera la vida en ello, porque es verdad. Para mí, ser consciente con la comida no se trata de seguir modas, se trata de escuchar a mi cuerpo. De modo que elijo comer y vivir de forma sana, y sigo recogiendo los beneficios positivos.

Recetas

Para ayudarte a diversificar tus opciones de menú casero, energizar tu chakra raíz y ayudarte a sentirte a salvo y anclado, te dejo tres de mis deliciosas recetas para el primer chakra; una para el desayuno, otra para la comida, y otra para la cena.

Smoothie de bayas rojas rubí para el chakra raíz

1 RACIÓN

Aporta energía a tu chakra raíz con este nutritivo *smoothie,* repleto de remolacha para anclar y frutos rojos.

- ¼ taza de frambuesas congeladas o frescas;
- ¼ taza de fresas congeladas o frescas;
- ¼ taza de cerezas congeladas o frescas;
- ¼ taza de remolacha (sin la piel);
- 2 tazas de agua de coco o bebida vegetal de tu elección.

Mezcla todos los ingredientes en una batidora hasta que adquiera una textura cremosa. Añade más líquido, dependiendo de si las frutas eran frescas o congeladas, hasta que tenga la consistencia que quieres.

Ensalada de quina roja, pimiento rojo y tomate para acelerar la vibración

6 RACIONES

Esta receta es perfecta para una comida ligera, a pesar de estar llena de carbohidratos y proteínas complejos. Es un excelente combustible para anclarnos durante el día.

¾ taza de quinoa roja en crudo;
¼ taza de piñones;
3 tomates Roma, sin las semillas y cortados a láminas finas;
½ pimiento rojo pequeño, cortado a dados;
¼ cebolla roja pequeña, cortada a dados;
¼ taza de perejil fresco cortado;
2 cucharadas de aceite de oliva;
1 cucharada de zumo de limón;
sal y pimienta negra al gusto.

Poner a hervir una taza y media de agua salada. Aclara la quinoa para eliminar la suciedad o los residuos. Añádela al agua cuando hierva, tápala y déjala reducir a un fuego bajo-medio. Deja a fuego lento unos 15-20 minutos, hasta que se haya absorbido toda el agua. Retira del fuego y deja tapado 10 minutos. Aclara con agua fría y cuela.

Mientras la quinoa se está cocinando, coloca una sartén pequeña al fuego y echa los piñones. Reduce el fuego al máximo y tuéstalos durante varios minutos, hasta que adquieran un tono marrón más dorado. Ten cuidado de que no se te quemen.

A continuación, mezcla con cuidado la quinoa, los piñones, el tomate, el pimiento rojo, la cebolla roja y el perejil en un cuenco grande. Aliña con aceite de oliva y zumo de limón, y salpimienta al gusto.

Patatas rellenas de chantarelas y hojas verdes variadas
4 RACIONES

Ésta es una receta sana y nutritiva que es cálida, reconfortante y ancladora.

4 patatas grades (de cualquier variedad, pero grandes);
aceite de aguacate (o cualquier otro aceite de tu elección);
¼ cebolla;
2 o 3 dientes de ajo, picados muy finos;
½ taza de acelga cortada;
½ taza de col kale cortada;
½ taza de espinacas cortadas;
¼ taza de cebolleta cortada pequeña;
1 taza de chantarelas cortadas (o champiñones blancos);
1 taza de judías azuki de lata, coladas (las judías negras o
    las rojas también sirven);
Liquid Aminos de la casa Bragg;
sal y pimienta.

Precalienta el horno a 180 grados. Perfora varias veces las patatas e imprégnalas con el aceite de aguacate (resiste bien las altas temperaturas y es bueno para el corazón). Espolvorea una poco de sal por encima de las patatas (a mí me encanta la sal marina celta) y métlas al horno precalentado. Los tiempos de cocción pueden varias según el tamaño de las patatas, pero deberías dejarlas alrededor de una hora o hasta que estén tiernas.

Mientras se cuecen las patatas, saltea la cebolla y el ajo hasta que estén transparentes y el ajo haya soltado todo su aroma. A continuación, añade las acelgas, la col kale, las espinacas, la cebolleta y los champiñones. Mezcla y cocina a fuego medio-bajo hasta que las hojas verdes estén tiernas y los champiñones estén cocidos. Añade las judías azuki y saltea unos minutos más. Aliña al gusto con la salsa Liquid Aminos y/o sal y pimienta. Si te gusta más picante, puede añadir unos copos de chili.

Cuando las patatas estén cocidas, sácalas del horno. Con cuidado, córtalas por la mitad a lo largo. Divide la mezcla de hojas verdes cocidas en cuatro porciones y coloca una porción encima de media patata. Vuelve a meter las patatas al horno, que ya habrás apagado desde hace unos 10 o 12 minutos. El calor residual ayudará a afianzar los sabores.

Servir caliente.

Espero que disfrutes de estas recetas y descubras que te ayudan a conectar y a nutrir a tu primer chakra. Siéntete libre para adaptarlas como tu creatividad y tu paladar te indiquen. Deseo que te animes a explorar y a descubrir otras recetas que te permitan armonizar con tu cuerpo, con tus chakras y con tu salud y bienestar general.

Parte 2

Susan Weis-Bohlen

Aprendí sobre los chakras a los cuarenta años y abrí mi librería, Breathe Books, en Baltimore, en 2004. Para crearla, me inspiré en la librería Bodhi Tree de West Hollywood, en California, ¡que tenía una sección entera dedicada a los chakras! Supe que yo también tenía que crear una selecta colección de libros sobre chakras.

También estaba en el camino del ayurveda, el sistema indio de salud y sanación de 5000 años de antigüedad, y descubrí que los chakras tenían un papel importante en los métodos de diagnóstico ayurvédicos. Mediante la comprensión, por pequeña que fuera, de este sistema de energías esotéricas, fui capaz de trabajar con los elementos (la construcción de los bloques de los *doshas;* la constitución mente/cuerpo), alineándolos con los chakras. Fue una solución natural; el lenguaje del ayurveda y los nombres originales de los chakras están en sánscrito.

Una de mis especialidades es enseñar cómo utilizar la comida para equilibrar los chakras y los *doshas*.

Después de ofrecerte una versión reducida y compactada de los principios del ayurveda, te regalaré tres recetas para el primer chakra. Las dos primeras se pueden utilizar en casi cualquier otra receta, ayurvédica o no. Y, al final, te presentaré una receta, para la comida o la cena, que se centra en el tofu, pero que también puede prepararse con cualquier otro tipo de proteína vegetariana, como lentejas o judías, o una proteína no vegetariana como el salmón.

Opciones, opciones… ¡al primer chakra le encantan!

Contexto sobre el ayurveda

El ayurveda ve a la persona como una combinación de cinco elementos: espacio, aire, fuego, agua y tierra. Estos elementos existen tanto en nuestro interior como en nuestro exterior. No hay mejor lugar para empezar a entenderlos que el primer chakra. Cuando está activo y equilibrado, el chakra raíz nos ayuda a anclarnos en una profunda sensación de estabilidad y seguridad; no debe sorprender a nadie que el primer chakra esté asociado con el elemento tierra. En sánscrito, se llama *kapha dosha,* que está hecho de agua y tierra. El *kapha* es pesado, frío y estable. Por el otro lado, el primer chakra puede desequilibrarse por exceso de aire, espacio y viento frío; a esto se le llama *vata dosha.* Cuando tratamos el primer chakra, debemos ser conscientes de no encallarnos ni dejar demasiado espacio. Queremos encontrar una posición cómoda en el chakra, sin ataduras pero con conciencia.

Para equilibrar el primer chakra, puedes elegir copiosas comidas que te ayudarán a anclar todavía más tus raíces o comidas más frugales o especias que te ayudarán a liberar la energía bloqueada. Las recetas te harán sentir seguro y nutrido. Podrás abrirte como los brotes cuando asoman desde la tierra, con las raíces firmes y dispuestas a crecer.

Recetas ayurvédicas fundacionales

Éstas son dos potentes recetas del primer chakra que te recomiendo que siempre tengas a mano. Supondrán una activación y un reequilibrio constante del chakra raíz desde una perspectiva ayurvédica.

Ghee

El *ghee* es una mantequilla aclarada, un alimento que, cuando se prepara con técnicas culinarias puras, ofrece unas propiedades mejoradas.

El ayurveda sugiere que lleves ropa blanca y limpia de algodón cuando prepares *ghee*. También debes albergar pensamientos e intenciones puras. Mantente centrado y presente durante todo el proceso. Incluso puede que optes por cantar un mantra tranquilizador para que te acompañe en el proceso de preparación del *ghee*, como el *Om shanti, shanti, shanti* o el tono para el chakra raíz: *Lam*.

Necesitarás 450 g de mantequilla orgánica sin sal (o más si utilizas *ghee* con frecuencia). Coloca la mantequilla en una sartén de base gruesa y de tamaño medio. Ponlo a hervir a fuego medio-alto. Reduce el fuego y observa cómo el agua se separa de la parte sólida de la leche. El agua se evaporará, la leche espumará y luego reducirá. El *ghee* generará pequeños chasquidos a medida que la mantequilla se va transformando en este elixir dorado.

Mientras el *ghee* se cuece, mantente anclado en el suelo, y utiliza todos tus sentidos. El olor será intenso y aromático; los sonidos pasarán de chasquidos a un suave borboteo, y el color cambiará de amarillo con espuma blanca a un intenso tono dorado con partes sólidas y oscuras en el fondo de la sartén.

Cuando ya casi esté en silencio y el borboteo sea mínimo, apaga el fuego y vierte el *ghee* en un recipiente Pyrex (no lo viertas nunca en un tarro de cristal, porque se romperá). Deja que enfríe durante unos minutos y luego, con cuidado, pasa el *ghee* por un colador muy fino o por una tela y viértelo en un bote de cristal con tapa de rosca o a un pote de acero inoxidable, sobre o latón.

Puedes tenerlo en la encimera durante meses. Por debajo de los 24 grados se solidificará y, por encima, se ablandará. No lo pongas en la nevera porque, si está húmedo, puede generar moho. Por ese mismo motivo, nunca se debe introducir un utensilio húmedo en el *ghee.* ¡Siempre seco!

Puedes utilizar *ghee* para freír a alta temperatura o para saltear en lugar de mantequilla, lo puedes añadir al arroz, a las tostadas, a las patatas asadas… Si añades unas gotas de *ghee* a la sopa o a las gachas, obtendrás unos resultados maravillosos para equilibrar el chakra raíz que no esté anclado o estable.

Mezcla de especias del chakra raíz

Puedes utilizar esta *churna* (mezcla) de especias como condimento base para todas tus recetas, o puedes llevártela en un pequeño bote cuando comas fuera para añadir una dosis extra de nutrientes y poder digestivo a tu comida. Esta mezcla mantendrá el primer chakra equilibrado mediante la activación de las propiedades de la tierra, junto con las notas más ligeras del aire y el espacio.

2 cucharadas de polvo de jengibre;
2 cucharadas de semillas de hinojo;
1 cucharada de semillas de comino;
1 cucharada de cilantro molido;
1 cucharada de cúrcuma molida;
1 cucharada de albahaca seca;
1 cucharadita de sal marina;
½ cucharadita de canela.

Coloca todos los ingredientes en un molinillo de especias o un molinillo de café limpio y mezcla. Colócalo en un tarro de cristal o de acero inoxidable con cierre hermético. Guárdalo en un lugar fresco y oscuro para preservar los aceites esenciales de las especias y sus propiedades medicinales. Si lo almacenas así, debería durarte hasta un año.

Utilizar las recetas fundacionales con proteínas animales

¿Puedes utilizar *ghee* y la mezcla de especias del primer chakra si eres omnívoro? ¡Pues claro! Hay personas que necesitan proteína animal para activar su energía física. Atrévete y saltea la proteína animal con *ghee*, o quizá condiméntala con la mezcla de especias. El *ghee* combinado con las especias resulta ser un marinado fantástico para hornear o cocer a la parrilla, y las especias siempre se pueden añadir después de la cocción.

¡Sé creativo y refuerza a tu primer chakra!

Mientras tanto, regálate una comida o una cena deliciosa a base de tofu, o puedes sustituirlo por salmón como proteína animal.

Raíces asadas y tofu (o salmón) sobre mijo

1 bloque de tofu firme de unos 400 g (o lomos de salmón);
2 cucharaditas de aceite de oliva o de aguacate;
2 cucharaditas de aceite de sésamo tostado;
1 cucharada de tamari o salsa de soja;
1 cucharada de harina de maíz.
3-4 tazas de tubérculos cortados a dados medianos (de un bocado): remolacha, zanahoria, nabo, rábano, chirivía y boniato;
¼ de taza de aceite de oliva o aguacate para el asado;
1 taza de mijo crudo y aclarado;
ghee (opcional);
sal;
mezcla de especias del primer chakra (opcional).

Coloca dos bandejas de hornear en el horno y precaliéntalo a 180 grados. En una pondrás el tofu (o el salmón), y en la otra las verduras.

Preparación del tofu: Cuela el líquido, córtalo a dados o a tiras, envuélvelo en un trapo limpio d algodón y colócalo entre dos tablas de cortas o sartenes pesadas durante unos 20 minutos, para eliminar el exceso de agua. Mezcla el aceite de oliva o aguacate, el aceite de sésamo, el tamari o la salsa de soja y la harina de maíz en un bol. Añade el tofu seco y remueve hasta que haya quedado completamente impregnado con la mezcla. Coloca encima de la fuente de hornear y cocina durante unos 20 minutos, o hasta que los cubos estén marrones y crujientes. Reserva.

Preparación de las verduras: Mezcla tus tubérculos favoritos con ¼ de taza de aceite de oliva o de aguacate y sal al gusto. Remueve hasta que las verduras estén impregnadas con la mezcla. Colócalas en una fuente de hornear y cocínalas durante 45 minutos, removiendo a media cocción.

Preparación del mijo: Coloca le mijo en una olla media. Añade 3 tazas de agua, tapa y lleva a ebullición. Baja el fuego y déjalo reducir hasta que haya absorbido toda el agua, unos 20 minutos. Remueve con un tenedor. Si quieres, añade una cucharadita de *ghee* y una pizca de sal.

Si usas salmón: Exprime limón encima de los filetes de salmón y, si quieres, pincélalos con aceite de oliva. Hornea unos 10-15 minutos. Saca del horno y sírvelo encima del mijo y las verduras asadas.

Cuando todos los ingredientes están cocinados, coloca el mijo en un cuenco, pon encima las verduras y culmina con el tofu o el salmón. Si lo deseas, puedes condimentarlo con la mezcla de especias del primer chakra.

Observa los tonos terrenales cuando claves el tenedor, disfrutando de las texturas y los sabores de este sabroso plato. Bebe agua templada o té con la comida para mejorar la digestión y la absorción de los nutrientes.

Resumen

Has aprendido unas recetas deliciosas y fortalecedoras, aparte de unos trucos de cocina fantásticos, para ayudar a tu primer chakra. Independientemente de tu alimentación de preferencia, ahora dispones de varias recetas entre las que escoger si quieres activar esa energía roja necesaria para la vitalidad. Escoge los frutos rojos o los tubérculos, o crea tu propia receta. Tu propia visión, y cocina, te llevará al poder reforzado.

Conclusión

Hay un concepto que comparten todos los chamanes del mundo. Mi versión de esa idea es:

Las briznas de hierba están hechas del mismo material de la Creación que las estrellas del cielo.

La personificación perfecta de esta idea es el primer chakra, llamado *muladhara* en el hinduismo. Como chakra terrenoestelar, este increíble centro sutil soporta la riqueza física de tu vida, a la vez que te permite alzar las manos hacia el cielo. Por suerte para ti, has estado explorando este centro de energía raíz durante todas las páginas de este libro.

En la parte 1, has comprendido la vitalidad de este chakra, ubicado en la cadera, mediante la exploración de sus capacidades energéticas. Representado con varias tonalidades de rojo, la luz y el sonido de este chakra atraen y rezuman frecuencias relacionadas con tus necesidades diarias, reforzando tu deseo de un cuerpo, una profesión y unas relaciones sanas. Como has visto, el deseo de una expresión sexual y significativa es análogo a la historia de amor entre Shakti y Shiva. Son los dioses de la tradición hindú que explican cómo la energía del primer chakra se eleva por la columna y te guía hacia un sistema nervioso funcional y unos estados reforzados de iluminación.

En la parte 2 has conocido a expertos energéticos que te han ayudado a explorar las muchas y bonitas facetas de tu primer chakra. Has viajado hacia el interior de tu propio espacio terreno-estelar para interactuar con aliados espirituales, ejercicios de yoga, actividades de conciencia corporal, meditaciones, remedios vibracionales y mucho más. Ahora estás aquí, convertido en un experto en tu propio primer chakra. Y como tal, estás preparado para lo que te ofrezca la vida, con alegría y empoderamiento.

Deseo que habites el espacio de tu propio mundo y continúes brillando en él.

Otros colaboradores de la obra

© Katie Cannon Photography

Anthony J. W. Benson es estratega creativo de negocios, director, formador, productor y escritor especializado en colaborar con autores, conferenciantes, músicos, emprendedores y pequeños y grandes negocios con la conciencia despierta. Ha compartido su conocimiento en numerosos pódcasts y programas de radio y televisión. Anthony hace más de 35 años que sigue un estilo de vida consciente basado en el consumo de plantas.
www.anthonyjwbenson.com
www.injoicreative.com

© Hanna Josephine Photography

Dr. Nitin Bhatnagar es un cardiólogo intuitivo, arquitecto vital, metafísico, sanador de medicina energética, especialista en comportamiento humano y conferenciante internacional muy inspirador. Se graduó en la Facultad de Medicina y se especializó en medicina interna y cardiología, y ha escrito artículos para numerosas publicaciones. También ha estudiado modalidades de sanación alternativa, como el reiki o la medicina de colores, es formador de CrossFit y nutricionista, y corredor de largas distancias. www.wheelsofthemind.com

© Artkin Photographics

Jo-Anne Brown es una sanadora energética intuitiva y escritora que vive en Queensland, Australia, con un bagaje profesional que incluye la ingeniería y la terapia de biorresonancia. Ayuda a las personas con una alta sensibilidad a descubrir el sentido a sus experiencias profundamente emocionales y a liberar los patrones que no están en armonía. Aparece en el superventas, firmado por varios autores *Intuitive: Speaking Her Truth*. https://joanneintuitive.com

© Michelle Francesconi

Amanda Huggins es una formadora especialista en ansiedad y *mindfulness,* instructora de yoga certificada y conferenciante. Su enfoque, conocido como «Científico, Espiritual, Práctico», ha ayudado a miles de personas a transformar su mente, cuerpo y alma. Aparte de cursos en línea, Amanda también ofrece consejos en su pódcast, «Anxiety Talks with Amanda», y tiene una comunidad virtual de más de medio millón de seguidores. Instagram y TikTok: @itsamandahuggins
https://amandahugginscoaching.com/

© Forever Studios

Margaret Ann Lembo es la autora de, entre otros títulos, *The Essential Guide to Crystals, Chakra Awakening, Animal Totems and the Gemstone Kingdom, The Essential Guide to Aromatherapy and Vibrational Healing, Angels and Gemstone Guardians Cards, Gemstone Guardians and Your Soul Purpose.* Es una galardonada aromaterapeuta y propietaria de Crystal Garden, la tienda de vida consciente de Palm Beach.
www.margaretannlembo.com
https://thecrystalgarden.com

© Ashley Carrington Photography

Gina Nicole es consultora de *feng shui,* doctora en medicina energética sutil y autora de una baraja de cartas de sabiduría. Motiva a las personas empáticas a que orienten sus mentes, cuerpos, espíritus y hogares para alinearse con frecuencias superiores, para así tomar decisiones impecablemente claras e intuitivas. Le encanta viajar y está dedicada en cuerpo y alma a introducir la luz transformativa en el sistema de acogida temporal de menores. www.ginanicole.net

© Trina Yin

Tia Tuenge es una formadora transformativa, sanadora energética, facilitadora de bienestar, instructora de yoga y estudiosa de la antigua historia femenina. Le apasiona enseñar, tutorizar y celebrar reuniones sagradas, que incluyen círculos de mujeres, baños de sonido, ceremonias de té, retiros y actos corporativos. Ha recibido formación en consejera en la prestigiosa Ojai Foundation, así como en reiki, sanación con cristales y muchas versiones de yoga. www.artofsacredliving.com/about

© Daniel Chambo Photography

Amelia Vogler es una especialista en medicina fijadora y energética, una reconocida mundialmente profesora de medicina energética, formadora espiritual y guía de meditación. Integra las prácticas energéticas esenciales a sus meditaciones y lecciones para mejorar la humanidad. A través de su consulta privada internacional, ha ayudado a miles de personas a transformarse a través de las prácticas fijadoras, el enfoque intuitivo y la medicina energética avanzada.
www.ameliavogler.com
www.voglerinstitute.com

© Betsy Royall Goodhue

Susan Weis-Bohlen está certificada en ayurveda por el Chopra Center y ha estudiado con el doctor Vasant Lad y con Amadea Morningstar. También forma parte, desde el año 2018, del comité de dirección de la National Ayurveda Medical Association (NAMA). La antes propietaria de una librería, es ahora también autora de *Ayurveda Beginner's Guide: Essential Ayurvedic Principles and Practices to Balance and Heal Naturally* y de *Seasonal Self-Care Rituals: Eat, Breath, Move, and Sleep Better – According to Your Dosha*.
www.breathayurveda.com

Índice